Bienvenue chez moi

Jean-Luc Petitrenaud

Bienvenue chez moi

récit

Flammarion

ISBN : 978-2-0813-7841-4

À mes Louise(s) et à mon Antonin.

« Tu l'auras, ta maison avec des tuiles bleues,
Des croisées d'hortensias, des palmiers plein les cieux. »

Claude Nougaro, *Tu verras.*

J'ai toujours été fasciné par le charme des maisons, ces bonnes étoiles déposées au-dessus de nos têtes qui protègent les secrets des familles. Sous leur couvercle, on y rit, on y pleure, on y grandit. En leur sein, on y invente des rallonges aux tables pour la venue imprévue de lointains cousins.

La maison sait pousser ses murs. En hiver, elle conserve la chaleur autour de son fourneau. En été, elle retient le frais à l'heure de la sieste. Trois pierres, quelques poutres et des ardoises, cela fait de jolies histoires…

Ma grand-mère

En bordure de forêt de Tronçais, dans l'Allier, ma grand-mère possédait une maison éblouissante de simplicité. Trois marches pour accéder à la porte, une grande cuisine avec sa table centrale, son lit étroit, près du fourneau. D'une paupière mi-close, elle pouvait ainsi surveiller l'avancée de son civet à la mi-temps de la nuit.

Un long couloir bordé de trois armoires, et la chambre familiale alignait ses lits. Combien de siestes passées les yeux rivés au plafond, où la moindre ombre nouvelle devenait éléphant, serpent ou bonhomme. Chaque nœud, chaque aspérité sur la poutre en châtaignier avait son histoire que je vérifiais dès mon arrivée.

Lorsqu'il pleuvait, sa maison gardait le sourire. Ma grand-mère permettait tous mes jeux dans la cuisine. J'avais le droit de construire ma ferme sur la grande table. De petits fétus de paille délimitaient les prés, les maisons. Les glands du chêne de la cour se transformaient en moutons. J'ajoutais, sur les tomettes cirées de la veille, de la terre humide pour que mon tracteur laboure en toute réalité. Ma grand-mère acceptait ce déballage et argumentait qu'il fallait bien que je m'amuse malgré le mauvais temps. Au premier soleil retrouvé, le balai et la serpillière poussaient ma mise en scène au centre de la cour pour que le rêve continue de vivre.

La maison de Louise ne connaissait jamais le repos. La vaisselle du déjeuner était à peine terminée que se préparait la soupe du soir.

Quelques heures plus tard, après les fraises au sucre, la maison laissait entrer un brin d'ennui qui parfois me serrait l'estomac. C'est à ce moment-là que je repensais à ma chambre en ville, à mes parents, à mon cartable. Ce petit bout de chagrin était mi-joyeux mi-triste, cette dérive de l'âme très courte, mais j'avais toujours cette envie impérieuse de retenir mes larmes, en crispant mes poings au fond de mes poches.

La nuit venue, on range les jouets du jour sous le gros édredon rouge. Une ou deux voitures broient encore le silence de la route départementale. On saisit quelques mots de la conversation des adultes attablés en cuisine. On parle d'une visite au château de Culan. On parle d'une partie de pêche… et le fameux marchand de sable distribue ses petits cristaux.

Un beau jour, ma grand-mère a barré sa porte une ultime fois pour aller vivre dans la maison de son fils célibataire. Comble de la réussite d'un petit ouvrier forestier, la nouvelle demeure préfabriquée s'élevait, clic-clac, au beau milieu d'un vaste terrain dominant le village. Ma grand-mère est venue avec son fourneau et son lit de veille. Elle vivait entre les deux, comme au temps de son ancienne maison.

Aujourd'hui encore, je lui sais gré de ne pas m'avoir tenu informé de cette cessation d'activité pour cause de grand âge. Comment supporter d'entendre ce dernier claquement de porte ? Non, laissez-la-moi un peu plus !

Cette nouvelle maison était nécessaire et souhaitée. Neuve, elle pérorait à la barbe des vieilles bâtisses du bourg. Elle représentait une forme de réussite laquée, inoxydable. Un hall d'entrée pour les manteaux et les chaussures, une salle à manger, une cuisine et deux chambres. Les rêves de mes dix ans n'y trouvaient plus leur place, balayés comme la terre du sol de l'ancienne cuisine. Nickel ! Tout était nickel. On collait à merveille aux années Formica soixante-soixante-dix.

Ceci dit, mon oncle bricoleur avait organisé des appentis, des abris pour le bois du fourneau, de bric et de broc, avec des tôles de couverture savamment désordonnées. On regoûtait à ce désordre chaotique de la vieille demeure.

Mon oncle, très prévoyant, entassait et entassait encore des stères de bois provenant de la forêt de Tronçais. Avant même que le premier appentis soit plein, il en construisait un deuxième, puis un troisième, et ce jusqu'au sommet de la colline. La maison moderne se voyait ainsi réchauffée en devenant une œuvre digne du facteur Cheval, l'artiste subtil qui récoltait, lors de ses tournées, des pierres, des bouts de verre, des coquillages qu'il collait sur les murs de sa maison. De l'art brut qui s'ignorait. Elle a finalement terminé sa carrière avec une sacrée gueule.

Plus tard, bien plus tard, après le décès de ses habitants, cette demeure baroque a été vendue et l'acquéreur s'est vu offrir ce stock gigantesque de bois de chauffage pour un franc symbolique. Colbert, auteur des plantations de la forêt voisine, a dû se retourner dans sa tombe !

Je garde un très beau souvenir de nos repas du dimanche que nous partagions sous l'immense hangar qui abritait les outils du jardin, le tracteur et la voiture.

Deux solides tréteaux, des planches ajustées, par-dessus une grande nappe de toile cirée, un broc à eau en guise de vase pour les fleurs des champs, et le décor était planté dans ce théâtre improvisé et joliment chaleureux.

Calé sur le marchepied du tracteur, un seau rempli d'eau du puits servait de rafraîchissoir pour les bouteilles de vin. « L'important est de boire frais », disait mon oncle. L'expression « avec modération » n'était pas de mise.

Quand nous quittions la maison le dimanche soir pour le retour à la ville, ma grand-mère Louise retenait avec force les images du week-end. Elle avait à plusieurs reprises refusé de déballer sous nos yeux les présents que nous lui avions apportés. « Je le ferai dès que vous serez partis. » Une manière comme une autre de prolonger le plaisir, le plaisir de nous avoir avec elle. Cette pudeur, cette discrétion élégante étaient une belle leçon de vie.

Droite dans ses sabots, devant son portail, elle répétait les adieux bercés par le ronronnement de la voiture dévorée par l'envie d'en découdre avec la route nationale. Mémé Louise chiffonnait son mouchoir qui sentait l'eau de Cologne. Elle le pressait à la commissure de ses lèvres : « Mes pauvres petits, je vous ai si peu vus... On ne voit pas passer le temps. »

On savait tous que la semaine allait lui paraître longue. Pour dompter le temps et apprivoiser l'absence, Louise faisait sécher des petits bouquets d'herbes qu'elle glissait dans une enveloppe qui nous était adressée à la ville. Chaque mercredi, chaque jeudi, nous recevions son précieux cadeau. L'enveloppe décachetée, on fourrait notre nez dans ce sachet magique. Les parfums du foin séché couvraient ceux des pots d'échappement. Mémé l'illusionniste avait, une fois de plus, réussi son tour de magie : être présente à jamais dans nos vies.

Nos cœurs étaient ainsi vaccinés contre l'éloignement.

Une courte lettre accompagnait toujours ces brindilles d'émotion. Les mots issus de son crayon étaient capricieux, indomptables. Rebelles, ils se rebiffaient au nez et à la barbe de l'orthographe. Par peur de se perdre et d'être incompréhensibles, ils se donnaient tous la main. Pas de virgules, pas de renvois à la ligne, pas de points de suspension. Mémé Louise battait la mesure avec son crayon sans aucune partition, sans honte, sans retenue, sans scrupule. Elle avait quitté l'école avant d'apprendre la vie officielle. Dieu que sa musique était jolie ! Sitôt lettre reçue, sitôt lettre envoyée. Pour nous, l'exercice était périlleux. Après l'immuable « Chère Mémé », on séchait. Que lui dire ? « Comment vas-tu ? »… C'est peut-être au cours de cet exercice imposé par notre père que je me suis rendu compte que les mots précieux de l'amour n'aimaient pas la lumière du grand jour. Tous ces mots doux, je les avais déjà déposés sur ses joues. Je les avais chuchotés sur ses mains. Je les avais protégés tout contre les battements de son cœur. La réponse était donc brève, mais qu'importe ! Nous savions qu'elle serait la petite lumière de sa semaine, qu'elle serait lue et relue, et rituellement glissée entre le calendrier des pompiers et le poste transistor.

Et puis les années passent, les années usent, les années broient, et ma grand-mère, échine courbée, a rejoint la maison de retraite pour aller broder ses derniers instants. Je détestais ce mouroir inélégant, vétuste, décrépi, sombre. Les beaux jours ne s'y sentaient plus chez eux. À croire que l'on fabrique avec une perversité raffinée l'antichambre de la mort ! Un immense dortoir partagé en box de deux lits, cela pouvait évoquer les colonies de vacances… hélas ! sans les comptines joyeuses. Cette dernière demeure ne devrait pas s'appeler « maison », car en son sein rien ne s'y fabrique pour illustrer le mot bonheur. À chacune de mes visites, je sentais bien que les si jolies couleurs de la vie s'éteignaient dans le regard de Louise.

Un matin, la charmante fée de mon enfance a décidé de ne plus appuyer sur l'interrupteur des jours qui défilent, car ceux-là n'avaient plus de sens dans un cœur usé, délaissé. Louise s'est éteinte en tenant la main de Marceline, sa voisine de chambrée et sa fidèle voisine tout court, puisque Marceline habitait la maison d'à côté du temps des beaux jours.

J'ai conservé de cette belle Mémé un lilas blanc qui fleurit dans mon jardin de Meudon. Chaque printemps, je la devine près de son arbre. Mes journées sont alors plus riches, plus poétiques, plus secrètes.

Des années et des années après sa disparition, je suis retourné avec ma nouvelle couvée visiter la vieille maison. Le toit, souffrant d'abandon, s'était effondré. La porte béante, les fenêtres ouvertes étaient victimes de ronces et d'arbustes ravageurs. À croire que cette végétation sournoise et impolie avait à cœur de bouffer les dernières bribes de souvenirs qui s'accrochaient encore aux poutres. La mémoire est quelque chose qui se partage difficilement. Je me souviens de Louise, ma fille – eh oui ce même prénom ! –, sautant de tommette en tommette sans savoir qu'elle jouait là où mes exploitations agricoles d'enfant prenaient forme.

Ce jour-là, j'ai trouvé que cette maison, que je voyais immense, avait rétréci pour ressembler à la maison de Blanche-Neige. Petite. Elle était toute petite.

Aujourd'hui, je ne veux pas savoir qui a fait rétrécir les murs. Ma mémoire me joue-t-elle des tours… Ce dont je suis sûr, c'est que la maison de Louise garde son inestimable grandeur dans mon cœur. C'est aussi pour éloigner le doute que j'écris.

Mon enfance

La première partie de mon enfance urbaine, je l'ai passée au cœur d'une exploitation maraîchère, près de Clermont-Ferrand. Georges et Janette en étaient les propriétaires. Ils louaient à mes parents une petite maison posée au milieu des radis, des poireaux et des laitues. Trois pièces alignées à la queue leu leu. Une cuisine et deux chambres pour abriter le bonheur.

En ouvrant les fenêtres, on voyait à perte de vue les maraîchers éclaircir les semis, planter, cueillir, labourer. En fin de journée, ils poussaient leur récolte sur un wagonnet jusqu'à la salle de lavage des légumes. Ce petit wagon me faisait rêver. Comme sorti de mon coffre à jouets, il semblait balader mes histoires entre les plantations. Dans la grande pièce qui leur faisait office de hammam, on lavait les légumes dans des bacs de béton, on les taillait. Les mains voltigeaient avec l'aisance et l'expérience du coiffeur-visagiste. Du raphia encerclait les bottes, et les légumes couverts d'eau fraîche s'alignaient dans les cageots avant de rejoindre la plate-forme du camion-livreur.

J'attendais à la porte de cette vaste salle de bains sans bouger. Je me régalais de cette fraîcheur ambiante, de ces parfums de poireaux « coiffés au bol ». Avec un large balai, je rassemblais les fanes vers la sortie du centre de thalassothérapie.

Souvent, le dimanche matin, cet institut de beauté potagère se transformait en salon de coiffure. Mon père, ancien coiffeur recyclé dans la vente de produits capillaires (lui qui était chauve comme un œuf a passé sa vie à vanter des crèmes et des lotions qui font repousser les cheveux, sans que jamais un seul client ose contester sa bonne foi !), mon père, donc, sortait sa tondeuse et ses peignes pour dégager le tour de nos oreilles. Mon oncle Jean déboulait. Son frère Dédé lui emboîtait le pas. Georges, le maraîcher, en profitait lui aussi. Ajoutez à cela la ribambelle des gosses qui négociaient avec détermination la longueur de la mèche.

Jean ne se déplaçait jamais sans son accordéon, et Dédé sans son saxophone. Ils passaient donc en priorité sur le siège de l'artiste-coiffeur. Puis ils sortaient leurs instruments de leur boîte et se lançaient dans des valses effrénées qui ont souvent été responsables de surcuisson, voire plus, dans la cocotte du dimanche.

Ma mère descendait de sa cuisine dès les premières notes. Elle enlaçait Janette, puis Paulette, sa sœur, et au milieu des bacs, des cageots et des robinets qui pleurnichaient en cadence, on s'envolait, on décollait à la verticale. On était à la fin des années cinquante, 1945 n'était pas loin et on avait encore en soi les souvenirs si doux de la Libération.

Le concert terminé, je rassemblais les cheveux avec le même professionnalisme que je le voyais faire avec les fanes des légumes. Chacun s'ébrouait, giflait sa veste ou sa chemise d'un revers de main. On était prêts, prêts à croquer la volaille. Le salon de coiffure devenait restaurant. On descendait les chaises, on calait les tabourets en bout de table pour les gamins, et on voyait arriver les dames qui portaient les plats avec cette phrase récurrente prononcée par ma mère : « J'ai peur qu'elles ne soient (les volailles) un peu trop cuites. » La musique, la danse font parfois perdre la tête et la notion du temps qui galope plus vite, le dimanche, que les autres jours de la semaine.

Lorsqu'il n'y avait pas séance de coiffure, la famille était réquisitionnée pour casser les cageots de Georges, ceux qui étaient en souffrance. Avant les coups de hache précis, mon père auscultait le tas qui lui était réservé. Les morceaux servaient à démarrer ou à entretenir le feu continu placé au centre de la cuisine, le fourneau Arthur Martin servait à la cuisson des plats et au chauffage de notre appartement.

Alors, à la manière de mon oncle qui organisait ses tas de bois autour de son pavillon-modèle, mon père prévoyait toujours des hivers froids, rigoureux. Ceci dit, le fameux hiver de 1955-1956 ne nous avait pas épargnés. Le matin, au saut du lit, on grattait avec nos ongles le givre qui recouvrait les carreaux à l'intérieur même des pièces. On jouait la montre entre l'extraction brutale du lit et le bol d'Ovomaltine que l'on prenait blottis près du fourneau de la cuisine. Celui-ci rugissait comme un diable. Mon père lui frictionnait les oreilles pour qu'il vocifère encore plus fort. Nos vêtements étaient comme des funambules accrochés au-dessus de ce volcan hurlant. Les cageots de Georges étaient au boulot. Là encore, la provision était si conséquente que le jour de notre déménagement pour la nouvelle demeure, un camion supplémentaire fut réservé pour le transport du bois de chauffage. Ceci ne fut pas très utile, car nous avons découvert le chant anonyme, sans couleur et sans saveur, du chauffage central. Mais on ne sait jamais, mieux vaut être prévenant en cas de coup de grisou !

En 1962, le jour de la fête des Mères, nous avons empaqueté nos souvenirs pour la belle et nouvelle maison accrochée sur les hauteurs de la ville, là où « on respire le bon air », comme le martelaient les admirateurs de la construction contemporaine. Un seul oubli, toutefois, que j'ai souvent regretté : j'avais enfoui dans le jardin une boîte métallique contenant ma réserve de billes. J'avais creusé un trou conséquent pour planquer mon trésor en dehors du regard de mon frère. Puis, dans l'émotion du départ, j'ai oublié, par un mètre de profondeur, mon épargne. Si vous passez par là, creusez, tel Harpagon, vous trouverez peut-être la boîte magique… et à vous la fortune !

« Faire construire, on va faire construire… », tel était l'objectif admirable de mes parents. Combien de beaux projets élaborés sur le coin de la table, de dessins sans cesse retouchés !

« On va faire construire… » Cette phrase arrivait immédiatement après le bonjour échangé avec les amis.

On veut être au grand air, mais pas trop loin du centre-ville pour la scolarité des petits. La cité commence à ouvrir ses bras pour rameuter ses collines, ses prés et ses champs afin d'assouvir ce besoin enviable, louable, de la propriété. Respirer la campagne et en même temps pouvoir toucher du regard les flèches de la cathédrale de Clermont-Ferrand.

À nous les balades du dimanche après-midi pour éplucher les terrains, les espaces qui pourraient devenir rapidement constructibles.

Monsieur et madame sont d'accord : on ne s'installera pas dans la morne plaine, plate comme une planche à laver, qui file sur le Bourbonnais. On veut garder la position dominante de notre cher puy de Dôme. La route qu'emprunte la Dauphine Renault de mon père s'enroule comme un ruban de satin autour des volcans. On observe, on scrute, on détaille chaque pâturage en pensant que c'est là que la poule pourrait pondre son œuf. Chacun donne son point de vue. Quelle merveille démocratique ! Sans le savoir, c'est bien ici que se crée le sens de la famille.

La prise de contact avec le lieu de notre nouvelle vie est d'abord olfactive. On respire l'air et on le transforme en mots : « Ça sent la forêt, la terre de bruyère, ça sent la ferme, les animaux à l'écurie… » La mémoire se régale. Les terres agricoles de Mémé Louise réapparaissent à portée de narines. Les images dansent devant nous. On retrouve les années passées tout en imaginant la vie à venir.

On sait exactement le nombre de pièces qu'il nous faut. « Moi je serai là et toi tu seras juste à côté… » Maudit soit le prêt-à-porter, le prêt-à-vivre où chacun devra revoir à l'économie le tableau de ses rêves. Chacun prend alors un chausse-pied pour faire entrer ses poèmes au cœur d'une partition froide.

Là, on part de zéro pour aller à l'infini, du moins le croit-on.

Un lundi soir, mon père a annoncé avec une belle fierté qu'il avait trouvé la terre promise, celle qui nous attendait. Il la racontait, il l'inventait. Était-il à cette heure-là scénariste ou journaliste appliqué à dire la vérité ? On ne le saura jamais. Toujours est-il que le lendemain, après l'école, nous allions tous voir le fameux terrain magique. Pas de retard à l'heure de la sortie. Quatre portières qui claquent, et la Dauphine s'envole vers les hauteurs de la ville.

La banlieue s'étend à peine que le rêve est là, devant nous. Un grand pré où un cheval et quelques vaches se régalent de cette herbe rare nourrie « au bon air ». La ferme où broutent nos nouveaux locataires est située juste au-dessus. « La campagne à la ville », la chanson peut désormais être composée. Que le chef d'orchestre rejoigne son pupitre, et sa baguette va pouvoir dessiner dans l'espace le pourtour et les contours de la mélodie !

Juste avant d'appeler l'architecte diplômé des plus hautes études, il faut délimiter l'endroit exact de la construction, car le fameux grand pré doit être partagé en parcelles. La ligne d'horizon a parfois ses limites, mais, à ce moment-là, on va faire corps, on va entrer en mêlée avec la force du cheval de trait qui broute devant nous. On va renverser le monde. On va pousser les murs. On va voir de quel bois on se chauffe (et on sait de quoi on parle !).

La reproduction d'un plan – aussi fiable que l'ordonnance d'un guérisseur marabout – entre les mains, mon père déclare : « Nous avons la parcelle 2. »

Ladite parcelle aussitôt repérée, nous nous sommes plantés aux quatre coins de notre nouvelle aire de jeux. Photo, double photo, et, dès le lendemain, notre nouvel eldorado circulait de main en main.

Les dimanches suivants se ressemblèrent tous. Nous partions repérer et re-repérer la fameuse parcelle. Nous vérifiions si les petits piquets qui la délimitaient n'avaient pas bougé. On ne prend jamais assez de précautions ! Et si une main malveillante (la parcelle 1 ou la 3) n'avait pas profité de la semaine pour grappiller un mètre ou deux… À grandes enjambées, mon père délimitait et délimitait encore son territoire. Sur un petit carnet, il notait des chiffres que lui seul pouvait décoder, sous le regard inquiet (peut-être inspiré) des vaches et du cheval.

Et puis, un jour, la réalité prit ses quartiers dans le joli hameau de Champradet, là où « on respire le bon air ». On exécuta le fruit de l'inspiration de notre architecte diplômé des hautes études et, chaque dimanche, vous vous en doutez, on partait s'extasier, en tournant des heures durant autour des tas de sable, de gravillons et de ferraille. Chacun bombait le torse au passage des promeneurs qui ralentissaient le pas devant ce chef-d'œuvre jaillissant du sol. « Hé oui, c'est à nous ! »

Mon père souhaitait que sa maison soit en pierres de Volvic, et elle était en pierres de Volvic, grosses pierres solides comme sa détermination. Pas de parpaings, de moellons ou de briques. Non, non, et non, de la pierre, « nom de Dieu » ! Il souhaitait des murs épais, il a eu des murs épais pour qu'au premier coup d'œil le froid fasse demi-tour en hiver et se sente chez lui en été.

Le jour où le couvreur a fixé le drapeau bleu-blanc-rouge sur le faîte du toit, mon père a convié Georges, Jean et Dédé à venir sabler le champagne au pied de l'édifice. La fierté sous toutes ses formes pétillait comme les bulles grimpant le long des verres. Bien que battu par les courants d'air, nous avions un nouveau toit. On se sentait déjà à l'abri, sans y être complètement. Puis les portes, les fenêtres, les fers forgés des rambardes sont venus consolider la coque de notre navire.

À l'intérieur, cette demeure encore froide résonnait comme un torrent dans l'échancrure d'un corsage volcanique. Les « Oh » et les « Ah » rebondissaient contre les murs et les cloisons. C'était sans compter sur les talents de ma mère qui allait nous réchauffer tout ça avec enthousiasme.

Notre architecte diplômé des hautes études était parfois en panne d'imagination. Je me souviendrai toujours de la tête de mon père rentrant d'une réunion de chantier. L'homme de l'art ne connaissait apparemment qu'une seule couleur : le gris. Tout en écrasant sa purée de pommes de terre, ma mère venait aux informations : « De quelle couleur va être la cuisine ? » Et mon père de répondre : « Grise. — Et la salle de bains ? — Grise. — Et le couloir, la cage d'escalier ? — Gris, gris et gris ! »

Mon père s'enfonçait de plus en plus dans son fauteuil. Sa vie devenait grise, sans même l'espoir d'un tout petit rayon de soleil en fin de journée. Quant à ma mère, elle aiguisait ses flèches et les trempait dans l'arsenic avant la visite de l'architecte diplômé des hautes… etc. Rêver entre gris et blanc était la clé de notre bonheur. Tout le monde, docilement, s'est glissé dans l'histoire en repoussant sa palette de couleurs… On verrait plus tard pour rediscuter les décisions de l'architecte élu.

Notre maison n'avait pas encore peigné sa moustache. Elle n'avait pas non plus sorti ses poudres et ses parfums. Les finitions restaient à faire, mais la nouvelle coquille était bien là, bien étanche et solide. Cette nouvelle demeure nous paraissait grande, très grande. Il fallait s'y habituer. Certaines pièces étaient encore vides, pleurant leur solitude sous l'ampoule électrique en quête d'un abat-jour. On grimpait et on regrimpait le grand escalier en glissant, tels des patineurs, sur ce fameux revêtement, le « granito », une sorte de ciment fin et clair parsemé d'éclats multicolores. Ma mère le cirait chaque jour et, du coup, le rendait assez dangereux.

Attention, gare à celui qui court derrière sa montre pour attraper le bus qui file vers le collège ! Un jour, mon père en fit la triste expérience. Il glissa dès la première marche et descendit sur les fesses jusqu'au rez-de-chaussée avec les conseils de son coach féminin : « Attention à ma poterie qui est dans le virage ! » Mon père négocia la courbe tel un pilote de bobsleigh, avant de rejoindre l'armoire à pharmacie pour y dénicher une pommade calmante. Sous nos chaussettes, nous apprivoisions la douceur de ce sol à la mode. Nous oubliions, au fil des mois, les aspérités des tommettes anciennes et, en plus, nous découvrions le chauffage au sol. Quel bonheur, ces points chauds qui câlinent en hiver les petits pieds endoloris !

La salle à manger était une pièce que nous avions de la peine à apprivoiser. On la regardait de loin car trop habitués à la cuisine, jusqu'à présent pièce centrale de notre art de vivre. On aurait pu accrocher un cordon rouge, comme dans les musées, pour en interdire l'accès. Les chaises tapissées n'étaient pas pour nos postérieurs poussiéreux d'enfants. La salle à manger était comme la salle des mariages à l'hôtel de ville, réservée pour les grandes occasions. On s'en fichait, car la cuisine entretenait toutes nos confidences. Que voulez-vous, la proximité d'un four électrique (eh oui, la nouveauté !) qui cuit et dore le pâté aux pommes de terre à la crème a plus d'un tour dans son sac pour retenir la curiosité, alors que l'argentier de la salle à manger, avec ses rafraîchissoirs, ses porte-couteaux et ses timbales, avait un côté Versailles qui n'allait pas avec Champradet.

La vie circulait donc entre le hall de l'étage au sol chaud où on s'allongeait pour lire le Bescherelle, et la cuisine qui exhalait des parfums de soupe aux poireaux. Ma chambre n'était pas une salle de jeux, ce n'était pas la mode. Certains soirs, toutefois, elle pouvait se transformer en cabaret comique et le duo que je formais avec mon frère (lits jumeaux en chêne massif) inventait des histoires rocambolesques où une petite bonne femme âgée, surnommée Prudence, nous servait à croquer des situations qui nous faisaient hurler de rire jusqu'à l'annonce ferme et définitive émanant de l'étage : « Maintenant vous dormez, sinon ça va chauffer ! » Quelques gloussements plus tard, Prudence, la bonne Prudence, s'effaçait pour laisser la place au marchand de sable. Je pense que cette fameuse Prudence devait combler l'absence de notre Mémé Louise qui habitait toujours son Bourbonnais et que l'on ne voyait que de manière épisodique.

Vissés dans la cuisine, nous regardions avec complicité la ronde des casseroles qui dessinait les contours du souper. Le dimanche soir, on finissait le riz gras qui avait habillé le rôti de bœuf à l'heure du déjeuner. Ah ! ce riz croustillant, ébloui de beurre, qui chante en bouche ! Ah ! ces petits pains au chocolat issus du surplus de la pâte à tarte ! Ah ! cette salade de fruits confite dans son jus naturel ! Ah ! ce clafoutis aux cerises explosant de jutosité ! Repas de rien, repas économiques. On ne saluera jamais assez l'imagination des ménagères de cette époque. Trois fois rien et le paradis ouvre ses portes. La famille entière se sentait concernée par ce sens de l'économie. Il fallait rembourser notre nouveau navire. Chaque jour n'avait pas son rôti à cuisiner. C'était ainsi, et chacun, petit ou adulte, allait dans la même direction.

La couvée s'était agrandie : Alain, l'aîné, était suivi par votre serviteur, et puis une petite Martine est venue apporter sa note musicale dans le quintet Petitrenaud. Sous la houlette influente de ses grands frères, Martine voulait devenir policière, et ainsi posséder ce pouvoir grandiose de nous filer des amendes à chaque carrefour. Un jour, descendue de sa moto, elle voulait devenir maçon pour conduire de gros camions et nous en mettre plein la vue au volant de son Berliet. Un autre jour, où nous avions sans doute poussé le bouchon un peu trop loin, elle annonça à la famille qu'elle allait épouser Cassius Clay, le boxeur, afin qu'il puisse nous casser la gueule dès qu'elle le souhaiterait. Finalement, pas de mariage avec le héros du coup de poing, mais une brillante carrière de psychothérapeute…

Les consoles de jeux et le téléphone portable ne polluaient pas encore nos mains et notre cerveau, mais les petits pois à écosser, les haricots verts à effiler, les épinards à équeuter trompaient l'ennui de trop longues vacances. Au cours de ces occupations ménagères, nous prenions connaissance de l'actualité des jours derniers grâce au vieux journal qui recevait les déchets végétaux de notre travail, et à la radio qui ronronnait en bruit de fond. C'est ainsi qu'un soir on interrompit brusquement cette occupation routinière à l'annonce de l'assassinat de John F. Kennedy. L'oreille collée au poste transistor, nous allions suivre ce scénario dramatique. Pas d'images, pas de télévision, nous construisions nous-mêmes cette actualité tragique. Je soupçonnais ma mère d'en pincer pour le président des États-Unis, ou peut-être plus simplement d'envier son épouse Jackie, qui portait si bien la voilette et les petits chapeaux en forme de tambourin. Ma mère était une ancienne modiste qui avait connu un certain succès à essayer les chapeaux pour ses clientes.

La télévision n'avait pas encore trouvé sa place sur la table roulante où le porto, le Bartissol et la Suze faisaient office de gardes du corps de l'actualité et du divertissement, comme cela était le cas chez nos voisins déjà mieux installés que nous. La famille Colin était au numéro impair, juste en face de nous. Eux l'avaient, cette fameuse télé, et nous invitaient le soir de *La Piste aux étoiles* présentée par Roger Lanzac : « Bonsoir Madame, bonsoir Mademoiselle, bonsoir Monsieur… » Ma mère s'asseyait entre M. Colin, transporteur, et Mme Colin, institutrice à Chamalières. M. Colin, avec la même obsession d'une semaine sur l'autre, encourageait ma mère à reproduire sur son balcon le numéro de trapèze volant qui se déroulait sous nos yeux et en noir et blanc, s'il vous plaît ! « Je vous rattraperai si vous ratez la barre du trapèze », ajoutait-il. Qu'avait-il en tête ?

M. Colin était très jaloux, surtout lorsque sa femme écoutait à tue-tête André Dassary ou Luis Mariano qui rendait hommage au soleil de Mexico. Un soir par semaine, c'était télé chez les voisins, et les autres soirs ma mère animait les veillées. Après la vaisselle et le coup de balai, elle nous installait en cercle, assis sur le carrelage, et le spectacle débutait. Dans sa penderie, elle cachait des masques de carnaval. Elle partait en coulisse et revenait en Blanche-Neige aussi sautillante que Chantal Goya. Elle apparaissait aussi en Grincheux, en Simplet, en Prof donneur de leçons, en méchant loup… Le spectacle était sublime, car j'avais du mal à croire que c'était ma mère qui se dissimulait sous ces masques.

Voyageur de commerce, mon père n'était présent que le week-end et n'aurait pu imaginer le samedi ce cabaret quotidien qui ouvrait ses portes chaque soir après la soupe aux poireaux. Nous l'attendions pour l'aider à décharger sa voiture remplie de présentoirs et de bonbonnes en verre vides qui avaient contenu eau de Cologne, eau de lavande et autres miracles qui rafraîchissaient les mouchoirs de Cholet. Chaque bonbonne était à nouveau débouchée pour récupérer dans un petit flacon la lichette restante. On mélangeait tous les parfums, qu'importe ! On obtenait un cocktail détonant et unique qui parfumait nos oreilles et nos poignets. Puis mon père additionnait ses commandes en commentant ses tournées dans le Cantal, l'Allier, la Haute-Loire, et le chiffre de la semaine tombait : « J'ai fait dix mille francs ! » On applaudissait le gros chiffre d'affaires du héros qui le lundi repartirait.

Le dimanche après-midi, une balade était imposée par mon père. Ma mère râlait, car c'était souvent la même que celle du dimanche passé. Le scénario était immuable : tous en voiture, les gosses à l'arrière de la Dauphine, assis à même le sol, car mon père avait enlevé la banquette arrière, place réservée aux bonbonnes vides récupérées au fil des étapes. Direction : le pied du puy de Dôme pour la ventilation obligatoire des poumons. Inspirez, soufflez ! On remplissait nos petites carcasses de cet air volcanique que le monde entier devait nous envier. Pendant ce temps-là, ma mère, assise sur un tronc d'arbre, tricotait nos pull-overs pour l'hiver à venir. Un verre d'orangeade, une barre de chocolat, et la représentation était terminée.

Chaque été, nous quittions les hauteurs de Clermont-Ferrand pour rejoindre Chaméane, village perché à 800 mètres d'altitude. Le bon air, toujours le bon air ! Cette maison était un héritage du côté de ma mère. Elle lui appartenait, ainsi qu'à ses sœurs, Simone et Paulette. On se partageait l'occupation de cette vieille bâtisse isolée à l'entrée du village.

Placée comme un pavillon d'octroi, il s'en dégageait une certaine fierté, une certaine prétention. Elle pérorait, « la belle » ! Plantée sur ses ergots, elle était comme un poste de péage avant l'entrée dans le village. Un immense champ de blé la précédait et des forêts de sapins la bordaient de part et d'autre. Une vraie simplicité, un naturel exquis se dégageaient dès le premier coup d'œil.

L'électricité, oui (mais depuis peu), l'eau courante, non. Il fallait donc courir une à deux fois par jour jusqu'à la fontaine pour remplir les seaux et les brocs. C'était la corvée réservée aux gosses. Combien de seaux renversés avant la ligne d'arrivée ! On chahutait, on s'aspergeait entre cousins. La corvée n'en était plus une quand on rentrait trempés comme des soupes. Du fait de la distance, cette eau était sacrée. On l'utilisait avec parcimonie. C'est là que j'appris à fermer le robinet de la petite fontaine en cuivre entre le savonnage des mains et le rinçage. L'attente de la fameuse eau courante ne nous obsédait nullement. Imaginons la même situation aujourd'hui, les pétitions, les défilés, le harcèlement du chef de la commune… on aurait tout ! La patience, la sérénité étaient alors de mise.

On se lavait près de la fontaine située en bas d'un champ voisin. Ma tante Simone nous interdisait l'approche de l'oasis lorsqu'elle barbotait à poil dans un baquet. Folle de soleil, elle ressemblait à une écrevisse et dévoilait ses rondeurs, ses hanches et ses fesses au regard de quelques paysans qui retournaient le foin dans un pré voisin. Une nouvelle définition de l'érotisme… Mon père, lui, rejoignait la fontaine en voiture, pour pouvoir utiliser le rétroviseur de la portière pour se raser. Il fallait assister à la mise en scène ! Affublé d'un slip de bain, il mouillait son blaireau, confectionnait une mousse généreuse, faisait voltiger la mousse d'une oreille à l'autre, et le rasoir ouvrait la piste de la beauté. Quelques ablutions, quelques roucoulements de satisfaction, et la famille Bidochon était propre comme un sou neuf.

Le boulanger faisait retentir son klaxon en fin de matinée. À la sortie de la forêt, il annonçait l'arrivée du pain en fanfare. Il pilotait une 203 Peugeot break qui râlait à chaque virage, rappelant son grand âge. Béret noir enfariné sur la tête, l'as de la couronne dorée et croustillante jaillissait de son poste de pilotage, oubliant souvent de serrer le frein à main. À l'ouverture des portes, les parfums du four à bois se mélangeaient aux fragrances de lavande de notre dernier bain. Les couronnes de pain chantaient le chaud de la cuisson. Avant son départ pour la tournée, le boulanger avait pesé chaque pièce et marqué à la craie son prix sur le dos du pain.

Deux écoles, deux préférences, deux exposés ! Bien cuit, voire un peu brûlé pour mon père, ou plus doré pour ma tante Simone. Le boulanger arbitrait la joute. Enfin venaient l'heure et la tactique pour obtenir une large portion de la pompe aux pommes. Cet immense chausson rectangulaire n'était pas offert au regard de tous. Tel un voyou, tel un escroc, tel un trafiquant de la pompe, le boulanger avait construit un deuxième fond, un deuxième châssis sous sa voiture pour sortir, en la faisant glisser, la fameuse pompe. Séduire le héros de la farine était le rôle de Simone. Elle devait user de son charme de femme célibataire pour obtenir l'ouverture de la cachette et offrir à nos regards le plus beau dessert du monde, cuit à chaleur descendante dans le four à bois. La seule fois où tante Simone s'était absentée, mon père avait tenté sa chance dans le genre : « Mon p'tit gars, tu as intérêt à me la filer, ta pompe aux pommes ! » Échec, triple échec, nous avons mangé le dessert avec les chevaux de bois ! Le boulanger n'avait pas obtempéré devant le chant des sirènes masculines. Il n'y avait que ma tante, et seulement elle, pour obtenir une part du joyau. Brave tata !

Après les carottes râpées « minute » et la découpe du rôti de veau cuit pianissimo dans la cocotte en fonte noire qui avait connu toutes les guerres ; après la pompe aux pommes et le café ; après le marc d'Auvergne liché à la hâte dans la tasse encore chaude, les femmes faisaient bouillir l'eau pour la vaisselle. Les monologues de l'une ou l'autre se superposaient sans fâcheries. Ces joutes oratoires étaient le sujet préféré de moquerie des hommes qui suivaient le combat des mots depuis les chaises longues cachées à l'ombre d'un vieux prunier qui donnait avec générosité de belles reines-claudes. Ah ! les tartes aux prunes juteuses ! Le nectar sucré coulait entre les doigts. Il fallait être un acrobate de talent pour éviter le vagabondage de ce jus sur la chemisette.

Après le repos du guerrier, après encore quelques mots rebelles échappés des bouches bavardes, la promenade s'organisait. « On va aller dire un petit bonjour aux cousins Lacombe. » Trois générations de Lacombe cohabitaient dans la même ferme : lait frais au quotidien, œufs frais chaque semaine, fromages de vache capturés dans le garde-manger au treillis serré. Le départ de la promenade convalescente était donné. Moi, je gardais souvent la maison, ce qui évitait les tours de clef. Les volets fermés à demi pour dissuader le soleil d'envahir sans autorisation préalable notre domaine, je me calfeutrais dans cette fraîcheur relative. Assis dans un fauteuil aux ressorts énergiques et récalcitrants, je lisais et relisais les fables campagnardes d'Henri Pourrat, écrivain sensible au cœur large. Je surveillais d'un œil expert la cuisson de la gelée de groseilles. Cette gelée dans le grand chaudron doit glouglouter et non cabosser le silence. Le doigt régulateur de chauffe doit être aussi précis que celui de l'horloger. Je me sentais responsable, moi, le lieutenant-colonel de la confiture ! Cette garde apaisante méritait bien une récompense.

Je tirais alors le tiroir à pain, ouvrais le sac en toile blanche, tranchais une large tartine, beurre et gelée de groseilles de l'année précédente, et la récompense prenait forme entre les pages 46 et 47 de mon roman.

Un jour, ma surveillance silencieuse fut interrompue par l'intrusion d'une vieille paysanne qui venait m'annoncer que le chien de mes cousins avait zigouillé l'un de ses canards. Retenant mon fou rire, j'imaginais ce pauvre bâtard aux oreilles chiffonnées fonçant sur cette proie qui se dandinait sans élégance de l'autre côté de la barrière. Deux coups de gueule et le Barbarie resta sur le champ de bataille. La bonne dame avait pris soin de consigner par écrit l'événement afin de nous inviter à un dédommagement moral et, bien entendu, financier. Elle réclamait vingt francs pour réparer ce préjudice. Je lui offris ma compassion avec révérence et lui promis réparation dans les plus brefs délais, après consultation de la famille réunie. La dame éplorée tourna les talons. Jamais un canard n'avait déclenché autant de larmes. Trois minutes après, la sainte femme refrappa à la porte, souhaitant ajouter à sa déposition un petit couplet utile avant la décision des avocats. Sous sa signature, elle avait écrit : « P.-S. : Le canard était immangeable ! »

Point final d'une histoire hilarante. Nous ne sommes jamais allés consulter le fond de la cocotte de cette bonne dame, nous n'avons pas non plus éventré son oreiller pour savoir si les plumes du Barbarie faisaient partie du moelleux. Le lendemain, je me rendis à sa ferme avec les vingt francs. Heureux épilogue !

Puis l'été commençait à ressentir ses rhumatismes. Jour après jour le soleil fatiguait, parfois même il bâillait avant de rougir et de disparaître derrière les sapins. On évoquait la rentrée sur la ville. Le dernier dimanche du mois d'août, mon père organisait une course, un cent mètres dans le champ voisin. Toute la famille chaussait les baskets et s'alignait sur la ligne de départ. L'arrivée était délimitée par deux vêtements déposés au bout des cent enjambées de mon père. « À vos marques, prêts, partez ! » et le stade fictif était en ébullition. Mon père gagnait toujours, il se vantait d'un premier prix militaire au sprint. Chapeau ! Nous n'avons jamais mené de recherches pour vérifier l'exactitude du diplôme. Mon oncle Jean, un peu rondouillard, finissait immanquablement dernier ; il s'en foutait. Cependant, un été, buste en avant, je suis allé voler la victoire à mon cher papa, qui ne fit aucun commentaire, mais ravala sa salive plusieurs fois. Je n'ai jamais su s'il avait levé le pied pour me laisser gagner ou s'il avait perdu, perdu tout court.

Il est vrai qu'au fil des années, mon frère et moi étions surentraînés. Les fermiers Lacombe nous chargeaient chaque soir d'aller chercher les petits veaux qui pâturaient dans la nature. Chacun choisissait son animal et lui attachait la chaîne autour du cou après moult cabrioles et sauts périlleux dignes de la Feria d'Arles. On ouvrait la barrière de l'enclos et les bestiaux fonçaient jusqu'à l'étable pour rejoindre le pis de leur mère. Il fallait être un sportif de haut niveau, un Usain Bolt des pâturages. On volait, tel Superman, les jambes chauffées à bloc. Certains soirs on trébuchait, on lâchait la bête. À plat ventre dans l'herbe, on maudissait le veau qui arrivait seul à l'étable et sans pilote. Mon frère, solide comme un cow-boy, ne lâchait pas la chaîne et labourait de son corps le pré, puis la cour de la ferme, avant de se relever, le buste griffé du haut en bas, mais vainqueur. Au pied de la vache qui assurait l'éducation de son petit malfrat, il critiquait avec des mots choisis le comportement du sale gosse.

Les hirondelles sur les fils révisaient leur plumage avant le grand saut, là où le soleil ne s'éteint jamais. Accrochées comme des points de suspension dans le ciel lourd de fatigue, elles babillaient entre elles, tricotant leurs souvenirs d'été. On remontait le dernier pot de lait rempli de la traite du soir, les œufs du jour empaquetés dans du papier journal. De gros baisers à Nana et Henri, les patriarches des Lacombe. Encore quelques étreintes, et la certitude partagée qu'on allait revenir bientôt. La maison sentait la fin des vacances. Le noyer laissait tomber ses fruits. Le pommier, par manque d'imagination, l'imitait.

Les valises, les sacs et autres paquets difformes s'entassaient dans l'escalier. Beaucoup de va-et-vient souvent inutiles. « Attention, n'oubliez rien, car on ne fera pas demi-tour ! » Mon père assurait la logistique du coffre avant de charger le porte-bagages fixé sur le toit. Sous son autorité, nous l'assistions : « Passe-moi un sac plus petit, non, pas celui-ci, il est trop gros, voilà… c'est parfait. » Les lieutenants étaient flattés par les compliments du commandant. La voiture faisait le gros dos. Il était temps de recouvrir ce méli-mélo familial d'une toile en plastique transparent que mon père attachait, scotchait, ficelait. La main à plat, il chassait l'air de la campagne qui cherchait à voyager incognito jusqu'à la ville. Il vérifiait à plusieurs reprises la solidité de sa sculpture digne de l'artiste Christo. Le moteur de la voiture au ralenti échauffait ses muscles avant le grand retour. Le regard nostalgique balayant chaque recoin de la maison, on maudissait le double tour de la clef dans la serrure. La demeure de l'été pouvait débuter son long sommeil…

Ces maisons formaient pour moi un collier de perles odorantes accrochées à mon cou. Aujourd'hui, lorsque je pénètre dans une demeure inconnue, les impressions olfactives frappent à la porte de ma mémoire. Elles s'imposent avec vigueur dans mon cœur. Non, je n'ai rien oublié, je ne veux rien oublier de ce terreau qui rend la vie à venir si désirable.

Barfleur

Longtemps j'ai pensé que je ne posséderais jamais de maison. L'argent est parfois capricieux et semble ne pas aimer le pays des rêveurs. Locataire et locataire. De location en location, la poésie ne se sent pas chez elle. Et puis, un jour, un ami me convie en famille à rejoindre le Cotentin pour le week-end du 14 Juillet. Mon faisceau lumineux s'arrêtait à la ville de Caen. Au nord, c'était l'inconnu.

Il était tard et la route interminable noyait nos regards dans son encre noire. Au lever du soleil, un paysage brutal battu par le vent et le soleil s'offrait à nous. Le Cotentin était là, nu comme un ver, beau comme un prince, élégant comme un poème de Prévert qui l'avait choisi pour y vivre les derniers jours de sa vie de poète. Une fulgurance indescriptible me bottait les fesses. Il y avait là une douceur rugueuse qui me plaisait. Au bout d'une promenade, le port de Barfleur agitait ses bateaux de pêche. Un quai, quelques cafés aux terrasses ouvertes comme les bras d'une maman qui accueille son petit vacillant ses premiers pas. C'est dans la chaleur de ces bras-là que je voulais me caler.

Trouver une maison à vendre dans l'un des « plus beaux villages de France » relève de l'exploit. Je savais pourtant que c'était ici que je pourrais déballer mes images anciennes. Je tournais comme un chaton qui découvre sa cage de voyage. Je miaulais, je griffais le vent qui me conduisit à la porte d'une agence immobilière située dans un village voisin : « Ah ! non, monsieur, à Barfleur il n'y a rien, rien du tout ! » Au moment où je tournais les talons, je sentis qu'un ange de passage accrochait des ailes dans mon dos. L'agent immobilier prononça cette phrase : « J'en aurai peut-être une qui rentrera bientôt, mais pour l'heure ce n'est pas signé. » Curieuse et perspicace, une amie examina cette information sous toutes les coutures et, orientée par quelques détails significatifs, put ainsi déclarer avec certitude : « Je vois où elle se trouve ! »

On regardait la maison de loin, d'encore plus loin, puis de près, de tout près. On passait et repassait devant sa porte sans oser trop s'attarder, de peur de croiser un regard qui aurait tout compris à notre manège. En fait, elle était en location saisonnière et occupée par de fidèles amoureux de Barfleur. Blottie au pied de l'église, cette maison de village était prolongée par un petit jardin fleuri d'hortensias et de fuchsias. La mer le nourrissait de son écume, de son sel dévastateur pour les feuilles d'un vieux poirier qui donnait l'illusion gracieuse de retenir le mur d'enceinte. Tout ceci était basé sur nos premières impressions et cette transparence offerte depuis la mer. Chaque maison était poursuivie par son jardinet, fleuri comme un rêve élégant.

Sans alerter les acheteurs potentiels (chaque locataire la voulait sûrement), il fallait se rapprocher des propriétaires à pas de loup. Décidément, la chance nous poursuivait, car la propriétaire était l'amie de la mère de celle qui avait deviné l'emplacement de « notre » maison. Par la bande et les services secrets, j'ai pu rencontrer une jolie dame qui allait peut-être me donner la clef pour accéder à l'« inaccessible étoile ». Cette dame venait de perdre son mari. Elle avait acheté cette maisonnette, persuadée qu'elle disparaîtrait avant lui. Seul, il pourrait ainsi apprécier la compagnie des pêcheurs sur le port. Et puis la vie a brouillé les cartes, la dame s'était retrouvée veuve et ne voulait plus de cette demeure. Elle exposa ses conditions, notamment aucune négociation sur le prix. J'acquiesçai sur tout, car elle ne manqua pas de souligner qu'il y avait sur le pas de la porte beaucoup d'acquéreurs potentiels. Comme par magie, et avec beaucoup de chance, elle écoutait mes facéties gourmandes à la radio et appréciait mes humeurs au service de la poire et du fromage. On se tapa dans la main alors que je ne l'avais pas encore visitée. Dans la vie, il faut savoir prendre des risques.

La maison était occupée par des vacanciers, et elle ne voulait pas les déranger par une visite qui aurait pu les plonger dans un chagrin profond. Nous étions le 14 Juillet, rendez-vous fut pris pour le 15 Août. Nous aurions deux heures avant l'arrivée des vacanciers suivants. Deux heures pour dire oui ou non. Deux heures pour retenir le moindre détail où « le petit bonheur » de Félix Leclerc pourrait faire son nid. L'excitation était à son comble. Je n'avais pas l'ombre d'un centime en poche, et là encore il fallait agir vite et aller faire mon numéro devant les banquiers. Les deux jours qui suivirent cette première approche furent cousus de projets.

Comme une mécanique bien huilée, je passais et repassais devant la maison. Je détaillais chaque pierre, chaque ardoise sur le toit. Au sommet du chien-assis, un pigeon en terre cuite semblait couver ce nid d'amour. Les faîtières posées au sommet du toit faisaient siffler le vent. On raconte que chaque demeure du Cotentin garde jalousement la chanson du vent qui décoiffe ses cheveux. On me raconta encore que lorsque le vent devenait l'ami du diable, le village se transformait en orchestre de cuivres. Chaque maison jouait une partition personnelle. Était-ce Karajan qui guidait les notes échappées au large ? Ce qui était certain c'est que chaque bout de légende s'accrochait à moi. Je voulais croire et croire encore que ces bribes d'arc-en-ciel allaient rejoindre ma palette de couleurs.

Installé sur la terrasse du Café de France, face aux bateaux de pêche, je gobais les conversations des habitués. Odile, la propriétaire de cette carte postale, cuisinait comme une reine les maquereaux au vin blanc. Le poisson aux zébrures bleutées offrait ses filets au citron, aux rondelles d'oignon. Un délice qui s'ouvre sous la fourchette et le couteau comme un portefeuille devant la caissière de l'épicerie.

Du petit déjeuner au lever de la lune, je me gavais de ces instants, de ces ciels changeants. Je n'étais jamais repu. Au sommet de ma rue, la maison qu'occupait le peintre Paul Signac était le sujet de conversation des amateurs d'art. Entre Saint-Tropez et Barfleur, il promenait son chevalet pour croquer les lumières fuyantes. Ici, le ciel n'est jamais posé. Il ne vit jamais sur ses acquis. Il provoque avec grâce la casquette du marin-pêcheur. Un doigt de soleil, deux doigts de bourrasque, et on agite le shaker au sommet du phare de Gatteville. Cet apéritif est goûteux, unique. Il ne sommeille pas au fond du verre. Il déride les papilles de l'aventurier. Ici, pas besoin de plumeau, car la poussière ne se pose jamais.

Une autre légende raconte qu'à l'extrême pointe de Barfleur, l'air n'a été respiré par personne. Au cours de ce premier séjour, j'en ai fait l'expérience. Faisant face à l'immense phare dont le pinceau lumineux guide les pêcheurs sur presque trente milles, je remplissais mes poumons d'un air venant du large, puis je me retournais pour souffler sur le cœur de la France un air déjà fatigué, un air déjà respiré. Pauvres Parisiens, pauvres Berrichons, pauvres Auvergnats qui respirent un air d'occasion, en bon état certes, mais un air d'occasion tout de même.

Tout me semblait être privilège. Je déambulais de ruelles en petites sentes, les doigts croisés au fond de mes poches. Il fallait que ça marche, il fallait que ça marche ! Le dernier soir de cette esquisse du bonheur, je grimpai sur le mur d'enceinte du cimetière qui s'enroulait comme un foulard autour du cou de l'église. Depuis cette position dominante, je devinais, au-delà des murs, la forme de « mon » jardin. Je m'allongeai sur le mur. L'odeur des figuiers me plongeait subitement dans des atmosphères méditerranéennes. Doux cocktail, douces impressions… La lune froide et blanche, comme ce début de nuit, arrosait mes premiers rêves de propriétaire. Après le cimetière, bordée par des palmiers et des figuiers, une grosse et belle demeure normande abrita un temps Jules Renard, qui écrivit ici *L'Écornifleur*. Je sentais bien que mes mots chuchotés à la nuit n'étaient pas orphelins puisque d'autres avaient couché les leurs sur le sable de la plage de l'église bien avant moi.

Je rejoignis la capitale avec la légèreté de l'alouette. Le chemin du retour me sembla bien plus court que celui de l'aller. Je saluais les gendarmes postés derrière leurs jumelles. Rien ne pouvait m'arriver, j'allais enfin devenir propriétaire d'une maison de pêcheur, une maison de week-end, une maison de vacances. J'allais pouvoir faire cuire mes confitures dans mon propre chaudron. Je voulais aligner les pots au contenu recouvert de cire sur de solides étagères en bois. Mes premières confitures d'abricots, au-dessus la confiture de fraises, puis la gelée de groseilles, la prune, la mirabelle. Revenir en septembre pour récolter les mûres sur les ronciers qui longent la dernière langue de terre qui mène à la mer. Après ma première récolte de ces petits fruits sauvages, j'avais inventé que la mûre cueillie tout près de la Manche avait un goût mi-iodé, mi-salé… Les visiteurs qui goûtaient mes chefs-d'œuvre l'attestaient. Après l'agneau de pré-salé, voici donc, mesdames et messieurs, la mûre de pré-salé !

Je brodais, je divaguais. Je me plaisais à exagérer mon amour pour ce coin de terre pointé comme un index vers la Grande-Bretagne. Je découvrais ce mariage inédit entre la terre et la mer. Les champs de poireaux, les champs de choux prenaient des bains de pied dans la Manche, la terre respectait la mer et la mer respectait la terre. Pas de dispute, mais des couleurs identiques, des couleurs proches. Ah ! ce bleu formidable d'un champ de poireaux qui répond aux salutations des vagues bleues ! On dit parfois que l'amour rend aveugle. Moi, l'amour de ce paysage décuplait ma puissance visuelle. Oui, j'étais capable de trouver un bébé dans un immense champ de choux au premier coup d'œil !

Au dernier péage, l'air parisien calma mes ardeurs. Les chiffres remplaçaient le cri des mouettes. Ma charmante banquière m'avait déjà annoncé que, pour obtenir un crédit, il fallait amorcer la pompe avec une petite somme rondelette. Je tournais mon boulier dans tous les sens. Je conduisais, à cette époque, une Mercedes des années 60 achetée pour une poignée de cerises à Georges et Janette, les maraîchers de mon enfance. Cette voiture avait très peu roulé. De couleur blanche, intérieur cuir vert olive, elle impressionnait les amateurs et pouvait me laisser espérer un prix sympathique.

Juste avant la porte de Saint-Cloud, je pris la décision ferme et définitive de me séparer également de mon joli cabriolet Coccinelle. Mon cœur était meurtri. J'allais abandonner ma belle « Cocc' » dans les bras d'un autre, alors que je l'avais élevée, éduquée. Un autre allait donc l'adopter. Les larmes dans les yeux, je l'imaginais, esseulée, sur le parking d'un immeuble battu par les vents. Ma « Cocc' » allait coucher dehors ! Sous la neige l'hiver, je ne serais plus là pour lui servir sa tisane. Sous le soleil brûlant l'été, je ne serais plus là pour la fâcher, pour lui reprocher son insouciance et finalement tartiner son capot d'une bonne crème calmante. « L'autre » allait la pousser à bout dans les lignes droites pour épater sa passagère un brin vulgaire. Avec moi, elle ne connaissait que la romance et les mots doux. Il fallait que je la vende, sinon je tirerais un trait sur ma maison de Barfleur. Je pleurais, oui je pleurais ! Au feu rouge d'un carrefour, le passager d'une berline baissa sa vitre pour me demander si j'avais besoin de quelque chose. Je le remerciai. Allez donc expliquer à un inconnu que j'allais me séparer de mon amoureuse et que celle-ci était tout simplement une voiture !

Arrivé à destination, je trouvai rapidement un acquéreur pour la Mercedes de Georges. Elle est partie du côté de Nantes pour rouler ses derniers jours heureux sur les bords de Loire. Je n'ai plus jamais eu de nouvelles. Pour mon cabriolet chéri, je collai une affiche : « À VENDRE – ÉTAT EXCEPTIONNEL – PREMIÈRE MAIN. » Oui, première main, car ni elle ni moi n'étions allés voir ailleurs pour vérifier que l'herbe du voisin était plus verte. Je détestais le regard des autres posé sur mon amoureuse à chaque arrêt. Je me retenais de ne pas chasser à coups de balai les badauds qui la dévisageaient. « Non, mon p'tit gars, ce n'est sûrement pas toi qui vas l'épouser… elle mérite mieux ! » J'imaginais leurs sales pattes sur son volant si fin…

Après quelques jours d'annonce, aucune touche. De manière un rien perverse, je me sentais heureux. Je tiens à souligner que sa beauté, sa fraîcheur n'étaient nullement remises en cause, mais que mon attitude n'était pas très claire. Depuis l'annonce de sa vente, je voyageais en transports en commun et laissais ma belle au garage, l'affichette bien planquée contre le mur. J'appelai alors mon ami boulanger Lionel Poilâne, magnifique artiste, pour savoir si, dans sa belle clientèle aux mains propres, ne se cacherait pas un acquéreur potentiel. Le lendemain, il décrocha son téléphone pour me déclarer : « Je sais que tu l'aimes, alors garde-la, et je t'offre, au nom de notre vieille amitié, l'équivalent de sa vente… » Quel homme fabuleux ! Quel joli cœur ! Du haut de ton cumulo-nimbus, cher Lionel, sache que ta place est toujours sur mon épaule ou à mes côtés lorsque je vadrouille au volant de la Belle !

Le crédit fut accepté et ma jolie banquière ravie que je puisse concrétiser mon rêve. Le 15 Août approchait sa silhouette avec un grand sourire. La propriétaire délicieuse (elle aimait mes émissions !) attendait devant la maison. J'aurais pu la visiter les yeux fermés tant je me l'étais si souvent représentée en imagination. Une grande pièce avec cheminée en pierre, de beaux placards en bois ciré encastrés dans le mur, une cuisine ouvrant largement sur les lauriers, fuchsias et autres hortensias… Le mur qui séparait les deux pièces avait été largement ouvert pour que le cuisinier ne soit pas privé des conversations.

Cette dame avait énormément de goût, un talent d'architecte d'intérieur sommeillait en elle. Un escalier rigolo montait aux étages. Rigolo parce qu'un prédécesseur avait creusé le mur à coups de marteau et de burin. Ce monsieur, très imposant, trouvait que la montée n'était pas assez large pour lui. En fait, il avait arrangé la maison à son goût. On était loin du « prêt à vivre » des pavillons d'aujourd'hui ! Sous les toits, une immense pièce avec des matelas pour les petits vacanciers, refuge idéal pour les pieds ensablés qui jouent aux petits chevaux avant l'annonce du bain et du dîner. Louise, ma fille, qui portait fièrement ses deux ans et demi, cherchait la place idéale pour installer le couffin de son bébé Corolle…

Trois pas en avant, trois pas en arrière, le regard qui circule de droite à gauche avec la même application que le chariot de la vieille machine à écrire, et un immense « OUI ! » a fait vibrer la maison de haut en bas. Sur le trottoir, les vacanciers suivants patientaient. À l'annonce de la vente conclue, la mère de famille, attristée, car fidèle à cette adresse, me lança : « Vous nous avez volé notre maison ! » Tellement conscient de notre chance, j'ai balbutié quelques excuses, et même lancé une invitation à prendre le café dès l'été prochain. Je devrais patienter jusqu'au mois de décembre (location oblige) pour le fameux rendez-vous chez le notaire, là où, enfin ! je déposerais mes initiales JLP au bas de chaque feuillet.

La délicieuse propriétaire accepta que j'y dorme avant même la signature officielle. Blessé à un œil quelques jours auparavant par un geste malheureux de la petite Louise, je voyais difficilement, mais les images emmagasinées lors de cette première visite étaient présentes, et bien présentes en moi.

La nuit enveloppait le village. Sur la cheminée, une lampe attisait ses rayons de lumière pour aiguiller mes pas. Par la force des choses, ma première impression fut olfactive lorsque je retrouvai la maison. Un mélange très doux de cire, de cheminée froide, de placard fermé m'indiquait de manière formelle que mes confitures allaient se plaire ici. La dame avait pris soin de préparer mon lit avec des draps de lin portant ses initiales brodées. J'étais encore un peu chez elle et déjà chez moi. Un mot était posé sur la table de la cuisine, signé de sa main : « J'espère que vous serez aussi heureux que nous dans cette maison. » Un deuxième message avait été glissé par le facteur sous la porte d'entrée : ma banquière me souhaitait une bonne installation dans mon nid... Quelle délicatesse ! À vous faire aimer les banques de manière inconditionnelle.

Les premiers jours de l'installation font complètement perdre la boule. Il faut remplir les placards, nettoyer les armoires, embrasser les murs patinés... Les idées judicieuses et mauvaises se chevauchent. On pose un bouquet d'hortensias ici, un bouquet de fuchsias là-bas. On veut faire entrer le jardin dans la maison. On salue les courants d'air et les portes qui claquent. Louise monte et descend l'escalier ciré sur les fesses. Comme au spectacle, on en redemande : « Allez, encore une valse, un paso, un tango ! » On câline sa première maison avec une tendresse sans fond.

Quelques jours après, la Coccinelle fait son entrée dans le village. Immatriculée à Paris, elle est vite repérée. « C'est la voiture du horsain » (celui qui débarque, celui qui n'est pas d'ici). Horsain on l'est et on le reste très longtemps. On a beau montrer patte blanche, l'entourage se révèle méfiant. « C'est qui celui-là ? D'autant que cette maison aurait pu faire le bonheur d'un gars du coin ! » Il faut savoir que l'habitant de Gatteville (village situé à trois kilomètres) déteste celui de Saint-Vaast ! Ainsi va la vie de hameaux en villages. Vues d'ici, je comprends mieux les difficultés rencontrées pour construire l'Europe.

La « Cocc' » traverse ces conflits amicaux avec élégance. Neuf chevaux sous le capot, pétaradante, elle sillonne le paysage pour rallier la meilleure épicerie de Saint-Vaast, le meilleur boucher de Réville, le fabuleux boulanger du hameau des Moulins qui cuit son pain dans son four à bois. Ce jeune boulanger aurait plu à mon ami Poilâne. Chaque jour une file d'attente borde la route qui mène à la porte du four, équivalente à celle qui s'étire sur le trottoir de la rue du Cherche-Midi, à Paris, où le pain Poilâne tisse sa réputation depuis des décennies. Ah ! les grands esprits qui se rencontrent sous l'encre de ce stylo ! Ajoutons, pour que cette fable soit complète, que ce boulanger façonne, en hiver, une pompe aux pommes digne de celle dévorée à Chaméane. La boucle est bouclée par un fil d'Ariane que je me plais à tisser.

Désormais, qu'il pleuve, qu'il neige ou qu'il vente, la Coccinelle voyage sans chapeau. S'il fait un peu froid, on remonte le col de sa veste. Pas de capote au-dessus de la tête, mais le ciel lumineux chahuté. La brise, les embruns chassent les mauvaises idées qui s'accrochent à nos cheveux. Il n'y a pas de plus belle cause que celle qui mène jusqu'à chez l'ostréiculteur, la tête livrée au vent. Une bourriche, une gâche (le pain plat comme un béret basque cuit au feu de bois), un beurre demi-sel, et le casse-croûte entre dans la Pléiade.

On achète trop. On a les yeux plus gros que le ventre. On ne veut pas manquer. Après la sole négociée au cul du bateau, on s'arrête chez le boucher pour la côte de bœuf normand. On choisit la terrine de campagne au pourtour croustillant pour l'apéro. On commande un poulet farci et rôti à la broche pour dimanche prochain, avec des frites maison s'il vous plaît ! La voiture écarte ses ailes pour retenir cette folie douce picorée ici ou là. On repasse par le bocage pour acheter la brioche faite avec des œufs de ferme et du beurre normand. On butine d'achat en achat. Mon Dieu, que le supermarché est loin ! Du réfrigérateur au placard, on entasse ces petits cailloux blancs qui me permettent de ne jamais perdre la direction de cette nouvelle vie.

Les minutes qui se succèdent dans mon Cotentin me semblent plus fragiles que celles qui habillent la ville. Le panier rangé dans l'entrée au pied des épuisettes, les enfants courent à la plage pour rattraper ce temps qui fout le camp au rythme de la cloche de l'église.

Ouvrons les portes de mon paradis : la cuisine. Fenêtre ouverte sur le jardin qui fait sa sieste avant l'heure, je me régale des cris des enfants sur la plage. Les mouettes sillonnent le ciel comme des drones attentifs. L'économe enroule ses copeaux sur la courgette. Un peu de beurre, de l'huile d'olive, la ratatouille annonce ses premiers émois. Courgettes, tomates, aubergines, oignons blancs, ail du jardin de Rémi, le maraîcher normand, et le murmure de ce torrent prend sa forme sous le couvercle de la cocotte. Encore du thym, encore du laurier, un petit verre de vinaigre de vin (astuce d'Adrienne dite la vieille qui était restauratrice aux Halles à Paris), et le plat rejoint le four qui rumine sa douceur et qui a pour mission d'assécher et de concentrer les saveurs de ce plat qui bordera tout à l'heure la généreuse côte de bœuf. Je suis un cuisinier heureux qui compote et recompote. Avec ma cuillère de bois, je touille et je retouille. Je sais d'ores et déjà que j'ai toutes mes chances d'accueillir une volée d'applaudissements lorsque l'assiette aura été saucée, nettoyée, propre et presque prête à rentrer dans le placard sans passer par la case vaisselle.

Il est l'heure de s'octroyer une petite récompense. Mon piano n'a plus besoin de la baguette du chef pour jouer juste. Il suffit qu'il suive avec application les battements du métronome, et tout ira bien. Le pilotage automatique de la ratatouille est enclenché, je m'autorise à déboucher la bouteille de vin blanc. Si vous venez chez moi, je vous laisserai ma place, très convoitée, sur la méridienne du salon, afin de goûter à ce grand plaisir d'être allongé sans l'être totalement, d'être attentif sans l'être complètement. La tête un peu à la renverse, on liche le vin blanc avec la rapidité du chat qui vide sa soucoupe de lait. Un côté pas vu pas pris… Il y a derrière tout ça une petite vengeance envers ceux qui se régalent d'iode et de sel. Moi, je liche le sauvignon sans palmes aux pieds.

D'une oreille distraite, on suit la météo de Laurent Cabrol. Un beau ciel bleu sans moustaches blanches est annoncé. Cela mérite bien le match retour pour la bouteille de sauvignon. Une pincée de sel plus loin, deux traits de citron en plus pour accentuer la présence de la ratatouille confite, et le large couteau, aiguisé comme un sportif le jour d'une finale, glisse sur la côte de bœuf. Les tranches s'affaissent gracieusement sur le billot. Fleur de sel, moulin à poivre, jus tout simple issu des oignons compotés, et le repas est servi. Plus de conversations, plus de mots. Laurent Cabrol redit que le ciel sera bleu partout, partout au-dessus de nos assiettes. Il ne se doute pas qu'il est bleu aussi dans ce plat du jour. Nos silences sont évocateurs. La gourmandise est alors l'ennemi juré du bavardage.

Je sais que je pourrais me mettre en colère si une conversation inutile se glissait entre deux tranches de viande. Au moment précis où je soulève le couvercle de la cocotte, au moment précis où les vapeurs chatouillent les moustaches, il faut que la messe soit respectée. Je savoure les yeux mi-clos des convives, signe d'amour envers celui qui a dirigé la bataille. Je ne supporte pas le regard qui se balade, le regard qui cherche la connexion pour relancer une querelle politique, sociale... Pas de ça chez moi ! La table, c'est la table ! Puis vient l'heure du camembert. Entier, il est au centre de la planche à découper. En bon hôte éduqué, je tranche un premier morceau. C'est l'heure du verdict : bien fait ou mal fait. Bien choisi ou mal choisi. J'aime le cœur du fromage complètement moelleux, le cœur qui, dans votre dos, en profite pour prendre la poudre d'escampette sur le bois de la planche. Il suffit d'une visite brève du facteur qui apporte une lettre recommandée, et le gaillard se répand, à l'allure de l'escargot certes, mais il annonce son désir de liberté, de vagabondage. Il me fait penser à ces adolescents trop bridés dans leur petite enfance et qui, subitement, se rebellent.

« Oui, je fais ce que je veux, et ce n'est pas Marie Harel, ma mère fondatrice, qui me l'interdira. » Une fois le calme retrouvé avec une belle brioche au beurre et sa confiture du moment, il faut lui faire réintégrer sa cage avant la prochaine représentation. Imitant Frédéric Edelstein, le dompteur du cirque Pinder, je fais claquer le fouet pour qu'il rejoigne sa boîte et qu'il cesse de se répandre. Installé sur le côté, dans le bas du réfrigérateur, il entame une courte convalescence, car déjà il attend la salade du dîner. Il faut savoir que le vrai et bon Normand ne connaît pas ces soucis, car il le choisit non crémeux. Il adore ce côté plâtreux en son cœur. Chacun ses goûts, la guerre du camembert n'aura pas lieu, je vous le jure !

L'heure de la sieste est avancée. Elle s'accompagne d'un café et d'un calvados. Dans la Manche, il n'est fabriqué qu'avec de la pomme. Dans l'Orne, on marie la pomme avec la poire. Certains becs préfèrent la dureté, les épaules carrées du premier, d'autres adorent la docilité, l'envoûtement du second. Je possède des dizaines et des dizaines de bouteilles. Je jauge mon invité avant de le servir. Ces bouteilles ont toutes une histoire très personnelle, cachée sous le manteau. Le boucher, le pêcheur, le voisin vous offre son trophée et l'histoire qui va avec. Chaque bouteille cache bien son jeu, déguisée en bouteille de whisky pour l'une, en bouteille de Perrier pour l'autre. En trois coups de langue, le calvados se boit et l'on écoute son histoire avec la promesse de ne jamais la dévoiler. Ces jolis contes issus des tonneaux façonnent la vie des fermes avec une poésie fringante protégée des regards par des générations et des générations. Passez votre chemin, messieurs les fonctionnaires, il n'y a rien à voir !

Une jolie légende raconte qu'un curé de campagne, après confession de ses chères paroissiennes, réclamait à chaque fermière qui avait goûté aux joies de la sieste dans les bottes de foin avec un oiseau de passage une bouteille de calvados en guise de réparation. Ce bon curé possédait moult tonneaux qu'il remplissait au hasard des émois de Jeanne, Marguerite et Lucie. Le mélange était ce qu'il était, mais il était bien réel. L'homme d'Église avait la soutane légère et adorait les rues chaudes de la capitale. Pour payer ses voyages en turbotrain et le dédommagement des jolies Parisiennes, il fallait bien sûr de l'argent. C'est ainsi que, dans les bocages du Cotentin, on découvrit le troc. On pratiqua le change en toute opacité. Une escapade parisienne, voyage et faux frais compris, contre deux ou trois flacons du « calvados du curé ». Le bon prélat est monté au ciel sans encombre pour bavarder comme il se doit avec Mgr Daniélou, et je vous annonce, les papilles en deuil, que le stock est épuisé, mais que j'ai eu le plaisir de goûter à cette eau-de-vie du péché. Elle était remarquable, sans doute embellie par la beauté de son histoire.

La sieste normande ne se pratique pas allongé. Elle est comme un oubli passager, une sorte d'absence momentanée. On pourrait suspendre au cou de celui qui s'y adonne un petit écriteau : « Reviens dans cinq minutes. » L'Aveyronnais qui s'exerce à ce sport dit qu'il cabèque. On est indécis. Mi-couché, mi-assis, on vole ce moment à la vie tonitruante. Les volets de la maison restent ouverts, tout comme les lourds rideaux. On ne montre pas aux regards curieux ce privilège que l'on s'accorde. Les mains ouvertes sur les accoudoirs de la méridienne, on divague, l'œil mi-clos. Le Provençal pratique autrement. Il rejoint son lit, ferme les volets, tire les rideaux. Sa sieste est officielle. Il fait trop chaud pour travailler… Le chant des cigales est obsédant. Il annonce le retour de la fraîcheur pour la fin de journée. Ainsi va la sieste de région en région.

Ma sieste normande terminée, je prépare le goûter des petits baigneurs que j'apporterai sur la plage. Je remplis une bouteille d'orangeade.

Je tranche en quartiers réguliers des pêches blanches que je dispose sur un lit de glaçons. Quelques piques en bois et ce message rafraîchissant est déposé au fond du panier. Chacun picore avec entrain. Les mamans ne passent pas leur tour. Le « papa en chef » est félicité.

Le Tour de France est dans les Alpes, les étapes sont passionnantes. Il ne faut en aucun cas rater ces coups de pédale ravageurs pour ceux qui préfèrent les routes plates. Je ne reste pas sur la plage. Je charge un jeune baigneur de rapporter le panier à la maison. Je navigue entre le petit écran et la cuisine où je prépare un clafoutis aux cerises, les dernières, achetées sur le marché de Barfleur. J'élabore ma pâte avec du lait entier auquel j'ajoute deux bonnes louches de crème épaisse. Ma recette n'est pas répertoriée. Je ne peux que la transmettre par le bouche-à-oreille. Ma grand-mère, ma mère, et moi aujourd'hui, colportons les dosages à l'intuition. Dès que le commentateur du Tour s'emporte, je lâche le fouet pour le petit écran.

Les cerises attendent dans la passoire, sous un filet d'eau fraîche. Dans les livres de cuisine, on indique toujours le temps de préparation. Le temps de ma préparation varie selon l'intensité de l'étape. Lorsque le peloton groupé arrive au sprint, je peux annoncer : temps de préparation treize minutes. Lorsque les échappées sont folles, il varie entre vingt et quarante-cinq minutes. Peu importe ! Il paraît que c'est nettement meilleur quand la pâte repose un peu.

La vie est tellement douce dans ma maison ! L'angoisse, l'anxiété n'y ont pas leur place. Mon coureur préféré a perdu beaucoup de temps. Je suis un peu dépité lorsque j'ajoute une cuillerée de beurre noisette à ma préparation. Les cerises sont équeutées, mais conservent leur noyau avant de disparaître dans l'onctuosité de l'appareil. Le noyau ajoute un côté kirsché au clafoutis. Attention de bien l'annoncer aux petits becs affamés, sinon il faut inviter son dentiste à prendre ses congés chez vous le temps de la saison des cerises !

Il n'y a rien de plus beau qu'un clafoutis démoulé, saupoudré de sucre glace, présenté sur un grand plat rond fabriqué par Ingrid et Patrick, les potiers de Barfleur. Ces beaux artistes passent de la fabrication des faîtières, l'hiver, aux plaques en céramique personnalisées qui indiquent le nom des rues et les numéros de chaque maison. Chaque habitant commande sa plaque en livrant une indication. Le poisson bleu est pour la maison du pêcheur ou du mareyeur. Le cor pour l'ancien soliste de l'orchestre de l'Opéra de Paris qui reprend son souffle, un mois par an, tout près de chez moi. Le coq revient d'office à la grande gueule du village. Ces touches très personnelles font vibrer les rues. L'art est proche, il transforme avec délicatesse et sagesse le quotidien de chacun.

Installé sur une large assiette, le clafoutis doit conditionner la table du soir. Le décor doit alerter la gourmandise. Une nappe toute fraîche est jetée sur la table. Son tissu respire l'iode et le vent. Le clafoutis est déposé en bout de la table comme un appât. Au centre, on met le compotier rempli de pêches, de cerises, de citrons. À l'autre bout, un bouquet de roses de jardin, couleur champagne. On aligne les carafes en cristal. Le décor est primordial, il doit d'entrée de jeu emballer le convive.

Le clocher sonne l'angélus avec le même rythme que les matines. Le lever du jour et le coucher du soleil se ressemblent. Dans la rue, les frères Crestey rentrent de leur promenade quotidienne. Trois beaux gaillards de Barfleur qui ont creusé les rides de leur visage en relevant les filets, en raclant les fonds marins pour capturer les Saint-Jacques. Mains dans le dos, ils avancent sans trop parler. Peut-être qu'à partir d'un certain âge la conversation appartient déjà aux souvenirs. Ils sont toujours alignés, unis comme la première ligne d'une équipe de rugby : deux piliers et un talonneur. On ne sait pas qui est le chef de la balade. Ils savent où ils vont, sans concertation préalable. Un sourire discret, élégant, bleu comme la vague qui s'obstine à toujours revenir sur le sable pour le narguer. On sent bien que les poulies des chalutiers, le remaillage des filets leur manquent. Ils longent la corniche, attentifs au moindre message venu du large. Ils espèrent en silence que la mer les réclame encore. L'un s'arrête et tend l'oreille. Les deux autres imitent le premier. Peut-être est-ce un message lancé par une sirène qui loge entre Portsmouth et Barfleur ? La déambulation reprend sa partition, toujours sur le même tempo.

Au début de mon installation, je me promenais un peu comme eux. Au début, on faisait « le petit tour », comme disait Louise, après le dîner, pour capturer ces images insouciantes d'un village qui tire sa révérence. « Le petit tour » fut ensuite repris par Antonin, mon jeune fils. La main gauche pour la fille, la droite pour le garçon, j'affichais complet !

Un pull jeté sur les épaules pour rassurer la nuit, je n'échappais pas à la crêpe au chocolat partagée sur la terrasse de Café de France. Un soir, au cours de l'une de ces balades improvisées, je ramassai un morceau de bois sur la plage, envoyé par la mer. Le morceau avait sans doute été travaillé par un charpentier de marine. Je voulais lui offrir une seconde vie en le laissant sécher près de ma cheminée. Mon élan fut stoppé dans la seconde par un pêcheur qui m'annonça que tout morceau de bois, d'épave, abandonné sur la plage par la mer, était la propriété unique des frères Crestey. Je relâchai ma prise sur-le-champ : je découvrais un nouveau code barfleurais. Après les trois sœurs de Tchékhov, voici donc les trois frères de Barfleur…

Après moult week-ends et vacances, je m'apprivoisais, je me glissais dans la poche de la vie de Barfleur. Ici, une tempête est carrément violente. Les bateaux restent enchaînés au port. Le drapeau accroché au clocher du village est bousculé. Il choisit le nord, et le sud le fait changer de cap ; un petit repos à l'ouest, et le vent d'est le rappelle à l'ordre. Serrées les unes contre les autres, les maisons ont l'habitude de ces coups de gueule du diable. Le vent hurle aux portes des demeures, et il passe son chemin. Son moteur ne faiblit pas. Il rabote les façades de granit, glisse ses doigts dans les dentelles faîtières. Il s'en prend aux volets pour les emporter. Rien ne bouge. On a l'habitude de ses crises. On lui offre en échange une belle indifférence. Beauté d'un village comme anesthésié. Pas un volet qui bat le tambour, pas un sac en plastique qui cherche à coiffer un passant imprudent. Rien, rien, juste cette turbine qui ronfle comme le moteur d'une voiture de course Découragé, le vent s'enfuit avec d'autres missions cachées sous ses ailes grises. Un dernier murmure vient chahuter la coiffure bleutée de Thérèse, la dame qui s'occupe de l'église, et les maisons ouvrent à nouveau leurs portes. Les conversations reprennent sur les trottoirs brillants comme un sou neuf. Au bout du chemin qui mène à la plage, l'écume blanche de la mer affiche encore son exaspération. Le vent a emporté dans sa besace les nuages pris en otage, il est allé les louer au hasard de ses rafales dans le bocage normand. Les peintres du dimanche s'installent devant la maison de l'impressionniste Paul Signac. L'inspiration est décuplée après le passage de cette tempête. Le moteur des chalutiers est ravivé. Les moules n'ont qu'à bien se tenir, la sortie est prévue dans quelques minutes.

Mon premier visiteur officiel fut Lionel Poilâne, mon ami dans cette aventure. Au volant d'une très luxueuse voiture, transformée en berline de neuf places, qu'il avait rachetée à un émir lointain, amoureux de son pain, il stationna avec son joyau au pied de l'église. Cette voiture délirante possédait des ornements en or. Poignées de porte, calandre, encadrement des phares étaient en métal précieux… la classe exubérante ! Il avait invité à l'accompagner huit proches pour compléter sa visite surprise. À la vue de ce carrosse sorti d'un conte de fées, les Barfleurais se posaient des questions. La gendarmerie fut alertée et le gyrophare bleu de l'estafette entoura de ses éclairs le véhicule suspect. Quel trafiquant se cachait donc dans la maison du horsain ? On ne lâchait pas du regard ce qui était peut-être une bombe à retardement. Ronde après ronde, les képis bleus abandonnèrent leur surveillance, ce qui faisait mourir de rire l'ami Poilâne.

L'écrivain Yann Queffélec arpenta aussi les rues de Barfleur. Il voulait sans doute connaître cette différence fondamentale qui existe entre la Normandie et sa Bretagne natale. Fidèle à lui-même, tout lui plaisait, la couleur de l'eau, la brise qui fait rougeoyer les joues, le cidre goûté en terrasse, les maquereaux au vin blanc d'Odile, la côte de bœuf normande, les promenades interminables sur la plage de Jonville… L'ami Goncourt n'est jamais rassasié. Il gobe, dévore la vie avec un enthousiasme très personnel. Qui n'a jamais assisté à la mise à mort d'une côte de bœuf par Yann Queffélec, alors même que le plateau de fromages clame son impatience, ne connaît rien à la vie ! La carafe de vin rouge suit la scène minute après minute. Dans ces instants-là, il est le meilleur ami de l'ogre. Après chaque déjeuner il écoute avec curiosité l'énoncé du dîner. Oui, oui, il veut bien traquer, à la porte du four, une bonne grosse volaille rôtie, accompagnée de ses légumes cuits naturellement dans le jus de la bête ! Dans cette attente, il saute dans la « Cocc' » pour aller choisir quelques précieux flacons chez l'épicier-caviste de Saint-Vaast. Il trouve que le sang de la vigne est plus beau en magnum qu'en bouteille. Ma « Cocc' » connaît par cœur les élans généreux de son enthousiasme et ouvre son coffre avec appétit.

Une autre grande visite fut celle de la pianiste inoubliable Brigitte Engerer. Par amitié, elle est venue soutenir un festival débutant de musique classique qui a désormais lieu chaque été. Il était difficile pour les organisateurs de faire venir des vedettes. Depuis quelques années d'excellents professeurs du Conservatoire tentaient d'assurer une programmation hasardeuse. J'invitai donc Brigitte pour une soirée de gala. Sa réponse fut immédiate : « Même avec peu d'argent, je viens ! » La compensation se ferait autour d'un dîner que je saurais m'appliquer à lui préparer. Elle fixa sa date. On fit tourner les rotatives à fond. On placarda à tout-va dans les boutiques la présence de cette star de la musique classique dans notre belle église de Barfleur. En quelques heures, on afficha complet. Les amateurs réclamaient un surbooking. On appelait de Bruxelles, de Paris. On voulait être là, ce soir-là, dans le Cotentin.

La veille, je lui concoctai un accueil digne de sa générosité. Des tomates farcies et confites par des cuissons successives pourraient la réjouir. Un fraisier aérien fut commandé chez le boulanger du Vast (le meilleur du monde !). Dès 20 heures, comme s'il se fût agi d'un voyage présidentiel, elle m'annonçait son arrivée proche, puis toute proche. Mon ami « le Commodore », spécialiste champagne, délogea un magnum de mon réfrigérateur et je le précédai pour prévenir les clients de la terrasse du Café de France de l'arrivée de la star, et leur fis répéter des salves d'applaudissements tel un chauffeur de salle. L'excitation était au zénith. Les regards impatients fixaient l'arrivée de chaque véhicule quand nous parvint son dernier appel : « Je suis à l'entrée du village. » L'accueil était calé au millimètre. Telle une diva russe, Brigitte Engerer sortit de sa voiture. La terrasse était en ébullition, le magnum aussi. L'ambiance était folle, les gens aussi. Brigitte pleurait d'émotion. Elle déposa derrière ses oreilles une goutte de champagne. On savait déjà à cet instant précis que son concert du lendemain serait géant. On avait tout fait pour qu'il en soit ainsi. Les tomates farcies avaient le béret brûlé à point. Le camembert s'étalait comme une crème bronzante sur le pain toasté. Le fraisier avait un parfum de jardin. On se serrait autour d'une table trop petite. À quelques enjambées de là, je sentais l'inquiétude de notre belle église de ne pas pouvoir repousser ses murs pour accueillir et accueillir encore. Le calvados participait à cet élan en jouant sa partition pomme-poire.

Le lendemain, le loueur de piano installa l'instrument au centre du chœur puis patienta pour l'accorder selon le désir de Brigitte. Elle essaya quelques notes et nous demanda de déplacer le piano. Un peu dans ce sens, puis dans l'autre. Encore un peu. Henry, Olivier, Ludovic le potier et moi-même, arc-boutés, nous nous exécutions. La note s'envolait sous la voûte et redescendait. « Encore un peu à gauche. » La note, sur son trampoline, rebondissait et rebondissait encore, jusqu'au moment où l'artiste enchaîna d'autres notes. Nous pûmes alors nous retirer pour qu'elle se retrouve face à sa partition qu'elle répéta pendant des heures.

Les voisines alertées apportèrent les plus belles fleurs de leur jardin. On astiqua les cuivres. On composait un décor pour Brigitte. Un chemin de bougies menait jusqu'à son piano. L'antiquaire prêta sa plus belle lampe. La soirée magique pouvait débuter. Les petites mains avaient bien travaillé. Elles se retirèrent pour entendre la foule impatiente ajuster son nœud papillon. Barfleur avait du miel dans sa bouche. On ajouta des chaises, des tabourets, des pliants. Les derniers arrivés investissaient le parvis. Les petits devant, les grands derrière. Les maisons étaient vides, les rues étaient pleines. Elle apparut, habillée de voiles noirs ; un magnifique foulard coloré rassemblait ses cheveux, et ses mains, comme des libellules, butinèrent le clavier avec une légèreté et une intensité rares. Sa respiration orageuse bousculait les notes. C'était là et pas ailleurs.

C'était le cadeau offert à Barfleur. Le public, debout, hurlait son bonheur que je ponctuai par quelques « Brigitte, on t'aime ! » Elle souriait, elle saluait. Elle jouait et rejouait avec la générosité d'une maman qui n'a pas les bras assez grands pour retenir tous ses enfants près de son cœur.

Après une carafe de sancerre blanc, après quelques cigarettes fumées près des hortensias, je la conduisis dans ma Coccinelle jusqu'à l'Hôtel Moderne où un banquet amical l'attendait. Sur le chemin, la voiture était escortée par des inconditionnels, des amoureux de ma Brigitte. Une fois encore la terrasse du Café de France ressemblait à une tribune de stade un soir de grand match. À notre arrivée, nous trouvâmes, près du buffet, Didier Decoin, l'écrivain membre de l'Académie Goncourt, qui était venu en voisin. Il déposa deux baisers élégants sur les mains de l'artiste et dit : « Mais, Madame, combien avez-vous de mains cachées pour jouer ainsi ? » Dans le ciel, la lune ne bougeait plus. Brigitte devint, ce soir-là, la marraine officielle du festival et revint chaque année pour souffler sur les braises de ce succès qui perdure sans rides aucunes.

Didier Decoin découvrit ainsi le chemin de ma maison. Ce grand brodeur d'émotion appréciait mes invitations à venir partager une cocotte fumante. Je me souviens de ce chapon de Bresse partagé avec lui. Ayant échappé aux fêtes familiales de fin d'année, ce rescapé dodu et rebondi fut installé au centre d'un plat aussi large que nos intentions. La bête dorée cuisait à feu doux jusqu'à son arrivée à table. Les mots de l'écrivain se laissaient bercer par les fumets. Lorsque j'ouvris le four qui ronronnait sa cuisson, Didier m'emboîta le pas. Il voulait voir cette louche à jus aller et venir sur le dos de la bête pour obtenir le succulent moelleux final. Il voulait savoir quels légumes participaient à la chorale du plat : carottes taillées en cubes, céleri boule, fenouil, échalote, oignon, ail, branche de thym, un peu de vin blanc prélevé dans la carafe, un éclair de vinaigre de vin pour éviter la platitude imposée par le gras mythique de cette volaille bourgeoise. Concentré – rien ne devait lui échapper –, Didier Decoin était appliqué comme l'excellent lecteur qu'il est toujours avant l'attribution du prix Goncourt.

Mon Dieu, que la littérature habille à merveille la bonne cuisine, nourricière de l'intelligence ! Un bon roman se goûte, se déguste. L'œil ne doit pas chahuter, bousculer les phrases. L'élaboration d'une simple omelette doit faire appel aux mains les plus douces. Un œuf battu ne doit pas souffrir. Il doit être aussi léger qu'un claquement de cymbales. Pas de gestes échappant à la raison. Pas de brusquerie, sinon la gourmandise du livre et du plat s'envoleront par la fenêtre, sans billet retour. Je me souviendrai toujours de Didier volant dans le plat refroidi un dernier cube de céleri. Le sac en bandoulière, le cachenez autour du cou, un genou à terre, je l'imaginais fredonnant comme Édith Piaf : « Laissez-lemoi encore un peu, mon amoureux... » Un épicurien ne guérit jamais de sa maladie.

Verdella est un prénom qui sonne comme la mandoline de Roméo sous le balcon de Juliette. D'origine italienne, de culture française et américaine, elle est une voisine qui sent bon le voyage. Sa maison sur le port aurait pu voir naître Verdi ou Victor Hugo, qui aima, en son temps, chanter la simplicité de Barfleur. Un dîner chez Verdella, et le costume de lin s'impose. Sa maison est marquée par le temps. Tout est un peu de guingois, mais la belle histoire est ici manucurée, élégante jusqu'au bout des ongles.

Un matin, elle me croisa, rentrant du marché ; elle m'invita le soir même à accueillir une grande amie américano-italienne. Son nom me cloua net sur le chantier de la conversation : Isabella Rossellini ! Le souffle d'Ingrid Bergman se glissait en harmonie dans cet air respiré par personne. Le ciel chassa ses nuages pour dérouler le tapis rouge. Le Festival de Cannes n'avait qu'à bien se tenir : Isabella était chez nous ! Le repas fut simple. Toutes proportions gardées, il aurait sans doute plu à Mémé Louise. Peut-être même qu'elles auraient aimé bavarder ensemble, elle et Isabella. Je me pinçai à plusieurs reprises pour redescendre sur terre.

À la fin du dîner, je lançai une invitation pour le lendemain soir. La belle dame savait que j'avais plus souvent qu'à mon tour trempé le doigt dans le jus de poulet. Elle accepta, la tablée aussi. Demain, elle irait visiter les plages du Débarquement et, en soirée, elle se glisserait à ma table pour goûter mes petits farcis. Elle accepterait ce rôle de convive chez moi, oui chez moi !

Le lendemain matin tôt, je poireautais déjà sur le pas de la porte de mon charcutier de Réville. Je composais ma farce, mélange réfléchi de viandes cuites : bœuf, veau, cochon et son talon de jambon, poulet. Je cueillis les carottes, trempai la mie de pain dans le lait. Je hachai le persil, « l'échalote de la Marie-Charlotte », la pointe de curry pour chatouiller le nez de la belle. Dans le large saladier, je mélangeai tous ces ingrédients jusqu'à l'obtention d'une pâte homogène, brillante, onctueuse. La spatule mettait trop de distance entre elle et moi. Je voulais que mes mains participent à la sensualité des petits farcis. J'étais metteur en scène, régisseur et chef décorateur à la fois. Je tourbillonnais d'un coin de la scène à l'autre. À l'heure du déjeuner, j'étais prêt à organiser une « couturière », une générale pour ajuster le moindre détail. Coudre et recoudre. La Cour d'honneur du Palais des Papes d'Avignon entrait dans Barfleur. Sonnez, trompettes, le spectacle est annoncé, bercé par l'air frais du Cotentin !

Chaussée de bottes rouges, elle apparut dans mon palais. Son ciré la rendait anonyme et simple comme une voisine. Elle fit de gros efforts pour parler français ; parfois l'anglais s'imposait comme un intrus en fin de phrase. On savait que l'on était bien, tous ensemble. Mon petit doigt me le disait et j'acquiesçai d'emblée. Sans que je m'en rende compte, elle avait quitté la table. Au bout de quelques instants, préoccupé par son absence, je finis par la découvrir à la cuisine, en train de faire la vaisselle des assiettes du premier service. Dans le bac de l'évier, les mains d'Isabella Rossellini faisaient valser l'éponge. Le filet d'eau devenait un filet d'or liquide. Elle refusa d'interrompre son ballet qui prenait la tournure d'une récréation. Je fis le beau à ses côtés, en essuyant les couverts. Jusqu'alors je détestais essuyer la vaisselle, préférant faire la plonge ; mais, ce soir-là, j'avoue avoir adoré ce rôle de hallebardier improvisé.

Le lendemain matin, avant de quitter notre pays, elle flâna sur le marché du samedi. Le soleil lui avait déposé une paire de lunettes sombres sur le bout de son nez. Une casquette à la gavroche sur sa tête, elle acheta des bouquets de fleurs de jardin à une petite mémé qui ne se doutait pas que ses colchiques et ses pervenches allaient dormir dans les bras d'une belle star. Les frères Crestey la croisèrent sans émotion, la ligne droite de leur promenade était leur unique objectif. Seule une voisine m'interpella pour me dire : « C'est marrant, cette dame me dit quelque chose… » Fier et un rien prétentieux, je lui répondis : « C'est Isabella Rossellini. » Et elle me rétorqua : « Si c'est elle, alors moi je suis Bernadette Soubirous ! » Lorsque les embruns et l'iode s'associent, la clarté du regard peut en prendre un coup et, par conséquent, ne pas accepter la réalité.

Meudon

De fil en aiguille, de bonne situation en bonne situation, j'achetai un appartement puis pus espérer acheter une maison près de Paris, à Meudon exactement. J'aime cette ville, car la campagne y fait croire qu'elle se sent chez elle. Cela me convient, car je conserve un brin de mon âme paysanne. On est en ville sans y être. Mémé Louise me poursuit, et cela me plaît.

Au détour du marché du dimanche, j'annonçai à la propriétaire d'une agence immobilière que j'avais repéré une petite maison romantique sur les hauteurs. Elle la connaissait et me dissuada de l'acquérir, car trop petite à son goût. Là encore, elle me fit miroiter une autre demeure, mais il lui était difficile d'en parler, car l'acte de vente n'était pas complètement signé par les membres de la famille du propriétaire disparu. En douce, elle m'invita à la suivre pour m'indiquer son emplacement. Les enfants ne devaient pas être au courant. Mystère et jambe de bois ! La maison était sublime, ressemblant à une maison bourgeoise de Bretagne, datant des années 20, couverte d'ardoises, faite de granit avec des petits balcons en bois blanc. Elle était à l'image de celle qui l'avait fait construire, une artiste peintre originaire de Bretagne, qui avait choisi un architecte à Dinard, un maître d'ouvrage à Dinan, et avait fait venir le granit de Bretagne. Mon porte-monnaie, tout aussi impressionné que moi, me tira par la manche pour me parler en douce d'argent. La somme évoquée était rondelette et là, même la vente d'un garage entier de voitures anciennes ne suffirait pas à stopper l'hémorragie des chiffres. L'acquéreur souhaitait, en contrepartie de son chèque, un repas dans un restaurant de mon choix où, en exclusivité, je lui commenterais le repas avec des trémolos dans la voix « comme vous le faites si bien à la radio, et puis aussi que vous me laissiez une bouteille de champagne issue de votre cave » !

Tous ses vœux allaient être exaucés mais je dus à nouveau aller faire la danse du ventre devant les banquiers. Après l'artiste peintre, cette maison était la propriété d'un célèbre créateur d'affiches, André Wilquin, mort à cent ans, chez lui. Il avait participé à de belles campagnes publicitaires : Orangina, Nestlé, Electrolux. À ses heures perdues, il fabriquait des petits soldats de plomb, ou organisait des tournois de bridge dans son jardin, à l'ombre des arbres. Il aimait beaucoup les présences féminines. Les « bridgeuses » prenaient place autour de la table, et chacune recevait, au printemps, un bouquet de violettes cueillies dans son jardin. Dans un livre retraçant sa vie d'artiste, j'ai découvert qu'il était un proche du célèbre photographe Robert Doisneau. Certaines de ses photos ont été prises dans le jardin de Meudon.

Tout ceci, tout cela, était une fois de plus pour moi. Le hasard fait parfois bien les choses et, finalement, me voilà encore amoureux du hasard. Je voulais voir grandir mes enfants au sein de cette banlieue poétique de Paris. J'ai imaginé ma cuisine avec, pour chef d'orchestre, un fourneau avec double four. Pas d'électricité pour mieux réussir (paraît-il) mes tartes, cakes et autres clafoutis, mais de la flamme qui lèche avec magie le pourtour des plats… quitte à légèrement brûler le cuir chevelu du gratin. C'est le coup de patte du cuisinier amateur.

La maison est grande et chaude. Sous son toit d'ardoises, on ne peut que réussir « la cuisson » de sa couvée. Reprenant à mon compte la belle expression selon laquelle « la journée appartient à ceux qui se lèvent tôt », le dimanche je saute à pas de velours sous la douche pendant que le café tombe en averse dans la cafetière. Le chocolat chaud ajuste son voile confit dans la casserole des enfants. Doux parfums mélangés comme une bousculade dans la maison.

On doit peaufiner son arrivée sur le marché de Maison Rouge. Pas de matinée qui paresse, pas de cheveux en bataille, pas de chemise froissée qui respire le travail de la veille. Le dimanche matin exige le respect. C'est donc tiré à quatre épingles que l'on se glisse sous le marché couvert. Le brouhaha vous attrape avec la force du vent du Cotentin. Ça piaille aussi fort qu'une couvée de jeunes merles qui ajustent leurs premiers battements d'ailes. Au premier coup d'œil, je compose le déjeuner du dimanche. Au deuxième coup d'œil, j'envisage les menus du reste de la semaine. Lundi soir, les poireaux cuits seront nappés d'une vinaigrette bien moutardée. Mardi, les endives cultivées en pleine terre se faufileront sous la couette d'une tranche de jambon de Paris, la sauce béchamel se coulera autour d'elles comme l'histoire du soir à l'oreille d'Antonin. Mercredi soir, la hampe de bœuf bien poêlée, sur son lit d'échalotes, se glissera dans l'assiette à côté des pommes de terre sautées au beurre. Des légumes choisis en vrac (céleri, navets, carottes, haricots verts) seront taillés en cubes réguliers pour se réunir au sein d'une mayonnaise citronnée. Cette macédoine maison entrera avec grâce dans le cornet de jambon du jeudi. Le vendredi, on verra bien… tout comme le samedi. Ainsi va l'écriture de la chanson du marché. Les couplets et les refrains se fabriquent au fil des allées.

Les chansons finissent par peser lourd au fond du cabas. Il faut s'offrir une pause-comptoir que certains nomment pause-café. Les deux se fréquentent sur le même zinc. On imagine de manière assez précise l'heure du réveil en fonction de la consommation. Café pour le rêveur qui n'a pas encore ajusté son regard ; coup de blanc pour celui qui prend la vie à rebrousse-poil… Chacun s'épie sans vraiment comprendre l'autre. Comment peut-on être encore au café ? Comment peut-on déjà siffler un verre de vin blanc alors que la sortie de la messe n'est pas encore annoncée par sa volée de cloches ?

En terrasse, l'acteur Jean-François Stévenin est au cœur de cette dualité. Son dernier café est terminé à la deuxième page du *Journal du Dimanche*. Le verre de menetou-salon très frais bouscule la chaleur de la tasse à la lecture des résultats de rugby du Top 14. Stévenin est un compagnon libre. Il bavarde avec Jacques Weber de théâtre, de cinéma. Le dimanche, Jacques vient en voisin et en famille ausculter le marché. Les femmes sont aux emplettes, les hommes en conversation. Monsieur le maire de la ville serre beaucoup de mains. Même hors campagne électorale, il se nourrit de cette atmosphère de village avec la tour Eiffel en bout de regard. Pour monsieur le maire, ce sera un verre de blanc, cela correspond mieux à sa jovialité. On sait tous que l'on est déjà en retard. Je n'ai jamais vu un ami de comptoir être en avance. Être en retard appartient à son rôle, c'est ce qui lui permet de prendre « la démarrante » cul sec avant de bougonner en regardant sa montre pour mieux avaler « la déchirante », qui a comme un goût de tocsin dans la gorge.

Le cabas est à nouveau attelé au bout du bras, les poireaux en alerte chahutent avec le vent. Sur le pas de la porte du logis, les enfants, en pyjama, prolongent leur nuit, pieds nus sur le sol. Ils saisissent le cabas pour en faire l'inventaire : « Beurk ! des endives… j'ai horreur de ça ! » Ils rangent la récolte au gré de leur humeur. La logique n'est pas forcément leur amie. Que fait donc la motte de beurre dans son papier sulfurisé aux côtés de la salade frisée ? Qu'importe ! l'important est de participer.

Je sors la cocotte en fonte de son vestiaire. Je tranche le lard en lardons, je découpe l'oignon, la carotte, les bâtonnets de céleri qui serviront d'escorte à mon joli quasi de veau. Le ronron de la cuisson peut débuter. En bouche, le verre de blanc du marché est un peu trop vite oublié.

Le tire-bouchon n'attend que ça, dégoupiller la bouteille du cuisinier. Qui peut oser imaginer la préparation d'un repas sans la récompense du petit coup de vin qui ajuste les papilles et donne de l'élégance aux gestes du marmiton ? La question « Dans combien de temps on mange ? » commence à se façonner dans la bouche des enfants. « Quand vous serez habillés » est la réponse la plus facile, mais la plus efficace. Au passage, je cueille Antonin en plein vol pour lui plonger le nez dans la cocotte ouverte : « Beurk, tu as mis du curry ! » Remarque judicieuse, mais ma mauvaise foi nie toute présence de curry, car j'ai envie qu'il goûte et qu'il aime. Sa remarque me flatte, car sa perspicacité montre que son nez fonctionne comme une formule 1. Les parfums de l'instant se mélangent à ceux de l'eau de Cologne qui s'échappent de la salle de bains ; les effluves du café encore tiède chahutent la cuisine. C'est la douceur offerte à la fin de matinée du dimanche. C'est un brouillon qui appartient à chaque maison.

Fabien Galthié, le célèbre rugbyman, adorait passer à table chez moi. Il glissait un œil sous le couvercle de ma cocotte comme on glisse le ballon ovale au centre de la mêlée. « Comment arrives-tu à obtenir l'onctuosité de cette sauce ? » « Pourquoi ajoutes-tu cette lichette de vinaigre de vin sur ta ratatouille ? » Le capitaine Galthié décodait le match du soir avant de l'avoir joué.

La veille de son départ pour Montpellier, je l'avais invité en famille à casser la croûte une dernière fois. Un joli filet mignon de porc sage comme une image était au programme. J'entrai sur le terrain avec une bonne avance pour mijoter et dorer la croupe de ce morceau choisi. Pour me « mettre en jambes » afin d'éviter un claquage musculaire éventuel, je me servis dans un large verre un Americano dont je détiens le secret de fabrication : un tiers de Punt-e-Mes (Vermouth rouge savoureux), un tiers de Noilly Prat, un tiers de Campari. Cette potion magique permet d'affronter le haka des All Blacks sans baisser le regard.

Pour fuir toute polémique avec mon entourage, j'avais caché mon verre derrière la boîte à sel. Subitement, sans le moindre bruit, glissant sur le sol en chaussettes, la patrouille m'a chopé en flagrant délit de consommation : « Tu en es déjà à l'apéritif ? » me lança l'adjudant-chef. Ne voulant pas baisser pavillon (ce n'est pas le genre de la maison), je rétorquai : « Je teste un nouveau mélange pour arrondir ma sauce », et en deux temps et trois mouvements je versai le verre d'Americano sur ce pauvre filet mignon qui n'en espérait pas tant. Dans un clapotis admirable et novateur, les glaçons et le cocktail émoustillaient la préparation. La Scala de Milan n'avait jamais vu cela : ça chantait à couper le souffle. Quelques minutes après, le stress disparu, il fallut bien goûter à cette création unique en son genre.

Je redoutais de mettre un point final à la carrière de mon ami Galthié en l'empoisonnant sur-le-champ. La couleur du plat était attirante. Il se dégageait de cette aventure une rondeur épatante. L'amertume de cet orage qui s'abattait au cœur de mon volcan donnait ses galons à mon filet mignon.

Le soir, ma tablée fut aux anges. Le plat était lumineux. L'enquêteur et curieux Fabien voulut connaître mon secret : « Cette sauce, mais cette sauce… comment fais-tu ? » Je roucoulais. Je me rengorgeais. Dès le lendemain, je filai chez mon ami cuisinier Christian Constant pour lui raconter cette anecdote. Aussitôt contée, ma nouvelle recette fut expérimentée rue Saint-Dominique. Je sentis, dans mon dos, pousser les ailes de Paul Bocuse. Ma vie de chef amateur prit une autre dimension.

Je hais les bougies parfumées, les bâtons d'encens qui, en douce, veulent faire oublier ces bouffées de bonheur. Je hais monsieur Berger et sa lampe qui gomme toutes ces impressions fragiles qu'engendrent les sauces, les jus et les cuissons. Enfin, ne me parlez jamais de la hotte aspirante, cette ogresse indélicate qui vole avec culot ce que le cuisinier a peaufiné au fil des heures. Quelle vulgarité, cette hotte qui broie tout sur son passage ! Cette dame, cette sorcière, a-t-elle un cœur ? Force 1, force 2, force 3, elle croque lentement ou rapidement tout ce qui se présente. Connaît-elle, cette diablesse, l'intimité des petits lardons qui rissolent dans la poêle ? Elle doit être, j'en suis sûr, l'amie intime des normes européennes. Avec elle, pas un fumet ne doit s'échapper. Du propre, encore du propre… costume trois-pièces pour les hommes, et jupe sous le genou pour les filles… Circulez, il n'y a rien à voir ! Et pourtant, qui n'a jamais connu une descente d'escalier d'immeuble où, sur chaque palier, un parfum jovial s'échappe de la cuisine de l'habitant ? Un foie de veau en persillade pour le logement du cinquième, un parmentier pour le quatrième, une soupe aux légumes pour le troisième, une poêlée de framboises flambées au kirsch pour le second, une tartiflette dorée pour le premier, et une morue aux oignons et poivrons pour la loge du concierge au rez-de-chaussée. Quelle belle palette offerte au visiteur, avec parfois des surprises qui bousculent la vie des habitants : les parfums d'une omelette au lard s'échappent à 3 heures du matin du logement du troisième. Une petite faim subite ? Un retour tardif de cinéma, de vacances ? L'imagination galope au fil de l'escalier. C'est pour moi définitif, la hotte aspirante n'aura pas le dernier mot.

Un dimanche après-midi à Meudon est empreint d'onctuosité. Le pas des promeneurs tourne au ralenti. Au fil de cette balade, on croise les poussettes et les tricycles. On papote sans parler. Les feuilles des platanes de la contre-allée applaudissent l'arrivée de l'automne. C'est un bruissement plus qu'une conversation. Les enfants ont-ils fini leurs devoirs ? Les chaussures sont-elles cirées ? Le cartable du lundi est-il sur la ligne de départ ? Il y a un rien de tristesse dans cet air de fin d'après-midi. C'est rigolo de constater que la joie du dimanche bascule souvent après l'éclair au chocolat, le café et le calvados. Le lundi apparaît avec son martinet et sa vision propre de la semaine.

C'est là que le jardin, avec sa menthe fraîche, son pommier qui croule sous ses fruits, les six pieds de tomates odorants, vous fait entrer dans l'album de famille. Les photos de Mémé Louise, des repas à Chaméane se feuillettent avec une nostalgie désuète. Qu'il est bon de remplir un panier de pommes pour la compote de la semaine avec la tour Eiffel accrochée au portail du jardin ! La préparation de la soupe du soir participe encore à ce chagrin si doux d'un bonheur qui fout le camp. Je ne sais pas si j'aime la soupe ou si je la déteste. La soupe a le pouvoir d'endormir la gaieté. Elle cajole. Elle adore les rayures régulières du pyjama. Parfois elle pourrait presque devenir l'amie incontournable de l'hôpital. Servie à 18 heures, elle est plus forte et plus efficace qu'un produit anesthésiant avalé par une seringue. Un bol de soupe brûlante, un feu de cheminée, un coussin moelleux et la pétoche s'empare de moi. J'ai envie de fuir et d'entrer dans une de mes brasseries préférées, comme La Closerie des Lilas, qui sert le hareng pommes à l'huile sept jours sur sept et vingt-quatre heures sur vingt-quatre. Et puis je l'aime bien aussi parce qu'elle entretient ma sagesse. Elle arrondit les angles, les aspérités du caractère. Elle est un massage efficace qui prépare l'athlète au match du lundi.

Le repas du dimanche soir est le favori des enfants, car on fait tout avec rien. Un plat de pâtes accommodé avec un reste de jus de poulet et ses pétales confits d'échalote peut presque descendre en smoking de la Tour d'Argent. Une salade de riz aux câpres, olives noires, tomate et anchois (peut-être une petite pointe de poudre de curry si Antonin a le dos tourné) ressemble à la pyramide du Louvre au centre de la table. Le petit chagrin du dimanche qui fout le camp a disparu. Est-ce Laurent Delahousse qui possède ce don ? On peut reprendre *Le Journal du Dimanche* là où on l'avait abandonné à l'heure du « café arrosé ». Le journal a ce petit côté froissé, mal replié, qui appartient au lever de la lune. Son parfum d'encre fraîche a disparu au fil de la journée, comme usé par les regards. Être le premier lecteur d'un journal à la sortie du kiosque est un bonheur irremplaçable. Qui ose me parler de la lecture via Internet ? Arrière, Satan ! Le papier et rien que le papier ! On éloigne le tapis de l'âtre par précaution. On repousse les braises et les cendres qui, sous l'effet de la pelle, en profitent pour rougir. La grille est posée devant ces garnements incandescents. La fée électricité se glisse sous sa couette.

Lundi se pointe avec ses klaxons et son insolence.

Les voyages

Les voyages font partie de ma vie depuis belle lurette. J'adore le train. On peut y rêver en silence et en toute discrétion. Le contrôleur n'a pas le droit de vérifier le contenu de vos rêves. La SNCF permet à votre tête de naviguer à sa guise. Imaginer une sirène aux cheveux blonds qui zigzague entre les arbres de la forêt circulant sous vos yeux est votre droit le plus strict. Pas de billet pour cela. Pas de carte de réduction.

Il y a des années et des années, je prenais souvent le train entre Paris et l'Auvergne. Le train était alors comme une maison mobile. On voyageait à l'abri et surtout, à l'heure du déjeuner, on pouvait parler de privilège. À cette époque, le wagon-restaurant était un vrai de vrai, avec nappes blanches, couverts en argent et lampes de table élégantes. Dès la gare de Lyon, le menu était annoncé : le pâté en croûte, le foie gras dans sa gelée au porto, le filet de bœuf dans sa pâte feuilletée et sa sauce madère, les rognons de veau sauce moutarde, le saint-nectaire d'Auvergne, la fourme d'Ambert… autant de propositions qui préparaient le voyageur à son arrivée sur Clermont-Ferrand. Quel bonheur de jeter un coup d'œil en cuisine ! Mes chefs en tenue blanche avec la toque sur la tête, s'il vous plaît, allaient et venaient au rythme du train. Baguenaudés, cabossés, ils ajustaient leurs assiettes au hasard des courbes, des accélérations et des ralentissements. De l'art, du grand art dans une chaleur étouffante ! Les notables, les cafetiers parisiens, les Auvergnats de Paris attendaient à table leurs plats en sirotant un porto ou un quinquina. Service gants blancs, s'il vous plaît ! Il y avait de l'aventure dans l'air. Une impression de privilège, de grande traversée. Les parfums des sauces se mélangeaient au fil des villes et des villages : Montargis, Nevers, Moulins, Vichy… Le rognon tranché en éventail attendait son flambage. Le bon monsieur dévisageait son assiette dans l'attente de l'allumette qui allait mettre le feu aux adjectifs de satisfaction. Le vin rouge de Bordeaux ajoutait encore à cette débauche élégamment bourgeoise.

Après l'annonce des millefeuilles et la présentation des digestifs, une annonce était faite pour un service brasserie. C'est là que je prenais place. Clermont-Ferrand était maintenant à une heure. Une omelette baveuse au jambon blanc était roulée de main de maître. De forme oblongue, parfaite dans son allure, elle était l'œuvre d'un p'tit gars fier de son CAP. Pas de bordeaux pour moi, mais un saint-pourçain-sur-sioule rouge. Je me préparais ainsi à un retour heureux sur mes terres auvergnates, à une arrivée en douceur avec de vrais paliers successifs de décompression. Au loin, les monts d'Auvergne s'alignaient comme les musiciens d'une fanfare. Le puy de Dôme avec son crayon planté sur le chapeau ressemblait au chef d'orchestre. Ma maison ambulante allait m'emporter en un vol jusqu'à ma famille. De la douceur à revendre, que je n'ai plus jamais retrouvée. Mon Dieu, que le wagon-bar du TGV me paraît sordide et pauvre ! Qui possède donc les manettes de ce malheur sur roues ? Qui s'obstine avec autant de perversion à gommer cette beauté palpitante du voyage à la française ? S'il possède (j'en doute !) un palais et un regard, qu'il sache que je le déteste.

Parfois l'histoire cachée d'une maison a du mal à rester derrière ses volets mi-clos. Un courant d'air furtif, et l'intimité retenue se dévoile aux yeux des passants curieux. Le voyeur s'emballe et imagine en un coup d'œil la vie cachée de l'autre. Ici, le fauteuil recouvert d'un plaid vieillissant évoque la fraîcheur qui tombe d'un coup sur les épaules, à l'heure de la météo du soir. Là, le cendrier chevauche l'accoudoir du fauteuil. Il reste à portée de main du fumeur de cigare. Là encore, les derniers dahlias ont été cueillis avant la première gelée. Ici encore, le coucou suisse bat la mesure du temps qui passe, moelleux comme un oreiller. Une intimité volée se chantonne, se murmure ; elle ne se gueule pas à la face des gens indiscrets.

Les maisons sont douces comme le duvet du poussin.

Nous sommes en Avignon. Chaque jour, après l'école, une grand-mère promène son petit-fils qui se régale d'un Choco BN. Clopin-clopant, ils cheminent sur la place du Palais des Papes. Ce palais imposant se cache sous sa lourde cape. Juste à côté, posée au sommet d'un escalier, la maison d'un particulier est assise en tailleur. Chaque jour la grand-mère et le petit s'arrêtent au pied de cette demeure. Ils la contemplent avec envie. La mémé poursuit alors son chemin en ponctuant sa marche par un : « Qu'elle est belle, cette maison ! », et l'enfant ajoute : « Quand je serai grand, je te l'achèterai, Mémé. »

Les rêves descendent parfois des étoiles pour jouer sur le pavé de la rue. Le petit garçon est devenu un grand chef étoilé de Provence. Christian Étienne a racheté cette maison accoudée au Palais des Papes pour en faire son restaurant. Sa grand-mère disparue est folle de joie. En cachette, il continue, à l'heure du goûter, de croquer dans son Choco BN.

Les maisons restent toujours fidèles à ceux qui les habitent, c'est ainsi qu'on les aime.

Épilogue

Alors que je déposais le point final à ce livre, ma jolie maman a décidé de monter au ciel.

Je me suis alors précipité dans la penderie de la maison familiale pour retrouver ses masques qui nous plaisaient tant. Plus de Blanche-Neige, plus de Simplet, plus de Grincheux... L'étagère était vide. Je la soupçonne de les avoir emportés là-haut, au Paradis, pour amuser la galerie.

Table

NORD COMPO
multimédia

Composition et mise en pages
Nord Compo à Villeneuve-d'Ascq

CET OUVRAGE
A ÉTÉ ACHEVÉ D'IMPRIMER
SUR ROTO-PAGE
PAR L'IMPRIMERIE FLOCH
À MAYENNE EN JANVIER 2016

N° d'édition : L.01ELIN000420.N001. N° d'impression : 89217
Dépôt légal : février 2016
Imprimé en France